Sara Schmid

Gabriele Bäck • Michaela Hajszan • Natalie Bayer-Chisté

Praktisch didaktisch

Grundlagen der Kindergartendidaktik

G&G

Abbildungsnachweis:
Abb. 1: Bäck, Gabriele, Bayer-Chisté, Natalie & Hajszan, Michaela (2006). Tagein – tagaus. Kindergartenalltag macht Kinder kompetent. Wien: G&G. S. 14.

Abb. 2: Nach: Jacobs, Dorothee (2007). Kreative Dokumentation. Berlin: Cornelsen. S. 37.

Abb. 3: Konecny, Edith & Leitner, Maria-Luise (2006). Psychologie (9. Auflage). Wien: Braumüller. S. 135.

Die Aufnahme in den Anhang zur Schulbuchliste für die 2. – 4. Klasse an Bildungsanstalten für Kindergartenpädagogik im Unterrichtsgegenstand Didaktik (insbesondere Didaktik der Hort- und Heimerziehung) wurde vom Bundesministerium für Unterricht, Kunst und Kultur mit GZ 5.001/0173-V/9/2008 vom 24. Februar 2009 empfohlen.

Schulbuchnummer 145.386

www.ggverlag.at

ISBN 978-3-7074-1073-0

In der aktuell gültigen Rechtschreibung

1. Auflage 2008, Nachdruck 2013 (1,05)
Umschlagfoto: Irmgard Bankl
Illustration: Natascha Chalmers

Printed by Brüder Glöckler, Wöllersdorf

Inhalt

Vorwort

Sage es mir, und ich werde es vergessen.
Zeige es mir, und ich werde mich daran erinnern.
Lass es mich selber tun, und ich werde es verstehen.
(Konfuzius)

Die positiven Rückmeldungen zu unserer ersten gemeinsamen Veröffentlichung „Tagein – tagaus. Kindergartenalltag macht Kinder kompetent“ haben uns darin bestärkt, uns den Herausforderungen einer weiteren praxisorientierten Publikation zu stellen.
In der Auseinandersetzung mit möglichen Inhalten wurde uns bewusst, dass eine übersichtliche und differenzierte Darstellung didaktischer Grundlagen für die Umsetzung einer kindorientierten Pädagogik hilfreich wäre. Dabei war es uns wichtig, die Bedeutung des Transaktionsansatzes für die einzelnen Bereiche der Kindergartenpädagogik praxisrelevant herauszuarbeiten.

Wir wünschen uns, dass unsere Ausführungen dazu beitragen, die Bedeutung des Kindergartens als frühe Bildungsinstitution hervorzustreichen, in der die ganzheitliche Bildung der kindlichen Persönlichkeit im Zentrum steht. In einer Atmosphäre der Lebendigkeit, des Wohlbefindens, der Toleranz und der Wertschätzung werden Kinder unterstützt, ihre eigene Entwicklung voranzutreiben.
Wir wollen Pädagoginnen und Pädagogen in der Praxis ermutigen, ihre Fachkompetenz in die Öffentlichkeit zu tragen und eine angemessene Wertschätzung ihrer gesellschaftlich bedeutsamen Arbeit einzufordern.
Wir wünschen uns, dass angehende Kindergartenpädagoginnen und Kindergartenpädagogen die theoretischen Grundlagen in diesem Buch als Basiswissen ansehen, Denkanstöße für die Praxis erhalten und Prozesse im Kindergarten kindorientiert und innovativ gestalten.

Gabriele Bäck • Michaela Hajszan • Natalie Bayer-Chisté

Einleitung

Frühkindliches Lernen prägt die individuelle Bildungsbiografie. Der Kindergarten als elementare Bildungseinrichtung spielt dabei eine zentrale Rolle. Pädagoginnen und Pädagogen haben die wichtige Aufgabe, Kinder in dieser entscheidenden Phase zu begleiten und sie bei der Weiterentwicklung ihrer Kompetenzen zu unterstützen. Fachwissen, das auf aktuellen Erkenntnissen der Forschung basiert und gesellschaftliche Veränderungen berücksichtigt, bildet die Basis einer kindorientierten Pädagogik. In diesem Buch werden relevante Bereiche der Kindergartendidaktik praxisnah und anschaulich ausgeführt, um Pädagoginnen und Pädagogen in ihrer Fachkompetenz zu bestärken. Dabei werden bewährte didaktische Grundlagen durch zeitgemäße und innovative Überlegungen erweitert, die der veränderten Lebensrealität von Kindern Rechnung tragen.

- Im Kapitel „Didaktik der Kindergartenpädagogik“ werden didaktische Prinzipien als Basis nachhaltigen pädagogischen Handelns formuliert sowie die konkrete Planung von Bildungsprozessen dargestellt.
- Beobachtung und Dokumentation als wichtige Bestandteile einer professionellen Vorgehensweise im Kindergarten finden im zweiten Kapitel besondere Beachtung.
- Im Kapitel „Grundlagen des Lernens“ werden aktuelle Erkenntnisse aus der Neurobiologie und Lernforschung ausgearbeitet, die zu einem fundierten Verständnis von kindlichen Lernprozessen beitragen und bei der Gestaltung von Bildungsangeboten und Alltagssituationen helfen.
- Der Kooperation mit Eltern im Sinne einer Bildungspartnerschaft wird im Kindergarten immer mehr Bedeutung beigemessen. Daher enthält das entsprechende Kapitel umfassende Ausführungen zur Gestaltung dieses wichtigen Bereiches der Kindergartenpädagogik.
- Im Kapitel „Teamarbeit im Kindergarten“ wird diese als Ressource für alle Mitglieder des Teams bei der Umsetzung des pädagogischen Konzepts beschrieben.
- Das Kapitel „Pädagogische Qualität“ setzt sich mit wesentlichen Qualitätskriterien und mit Qualitätsmanagement im Kindergarten auseinander.

Das Konzept der Transaktion bildet den wissenschaftlichen Rahmen für die Überlegungen in diesem Buch (Hartmann, Stoll, Chisté & Hajszan, 2006).

Didaktik der Kindergartenpädagogik

Der Begriff „Didaktik“ ist vom griechischen Stammwort didáskein abgeleitet und bedeutet so viel wie lehren, unterrichten, auseinandersetzen oder beweisen (Schröder, 2001, S. 70). Didaktik ist eine Unterdisziplin der Pädagogik und beschäftigt sich mit Lehr- und Lernprozessen sowie den Faktoren, die diese bedingen: Dazu zählen v. a. Bildungsinhalte, Medien sowie gesellschaftliche, soziale und individuelle Einflussgrößen.

Wissenschaft vom Lehren und Lernen

Die allgemeine Didaktik setzt sich unabhängig von spezifischen Lerninhalten mit der Gestaltung von Lernangeboten und der Lerntechnik auseinander. Die Fachdidaktik bezieht sich auf bestimmte Lehrinhalte. So hat sich auch eine eigene Kindergartendidaktik entwickelt, die auf die Entwicklung des Kindes im Kleinkindalter und auf seine spezifische Art zu lernen Rücksicht nimmt.

Didaktik für den Kindergarten

Den didaktischen Ausführungen in diesem Buch liegt das transaktionale Bildungskonzept zugrunde, das die Wechselprozesse zwischen dem Kind und seiner Umwelt in den Vordergrund stellt und vielfältige Einflussfaktoren auf die Bildungsqualität beschreibt (Hartmann, Stoll, Chisté & Hajszan, 2006). Lernen wird als ein individueller Prozess der Selbstorganisation von Wissen angenommen. Eine reichhaltige, interessant aufbereitete und kommunikationsorientierte kulturelle Umwelt spricht den subjektiven Erfahrungsbereich jedes Individuums an und beinhaltet gleichzeitig neue Herausforderungen. Die Aufgabe der Pädagogin/des Pädagogen als Teil der kulturellen Umwelt des Kindes ist es, Bildungsprozesse anzuregen, zu unterstützen, zu begleiten und in Gang zu halten.

Transaktionale Prozesse als Grundlage

1. DIDAKTISCHE PRINZIPIEN

Didaktische Prinzipien bestimmen die Auswahl und Gestaltung von Bildungsprozessen im Kindergarten grundsätzlich und stehen in Zusammenhang mit der pädagogischen Orientierung und dem Selbstverständnis der Bildungsinstitution sowie mit wissenschaftlichen Erkenntnissen und praktischen Erfahrungen (Niederle, 2005a). Daher müssen sie aufgrund des gesellschaftlichen Wandels und neuer For-

Didaktische Prinzipien bestimmen Bildungsprozesse

schungsergebnisse kontinuierlich auf ihre Aktualität überprüft werden. Didaktische Prinzipien haben das Ziel, die Nachhaltigkeit von Lern- und Bildungsprozessen zu unterstützen und eine positive Basis für die weitere Bildungsbiografie zu schaffen. Sie stehen in der praktischen Arbeit stets miteinander in Zusammenhang.
Nachfolgende Ausführungen beinhalten zum Teil bereits bekannte didaktische Prinzipien von Niederle (2005a), die für die Kindergartenpädagogik nach wie vor Gültigkeit besitzen. Darüber hinaus werden aufgrund aktueller wissenschaftlicher Erkenntnisse und gesellschaftlicher Veränderungen zusätzliche Prinzipien formuliert.

1.1. Prinzipien vom Kind aus

Die folgenden Prinzipien bilden die Grundlage einer kindorientierten Kindergartenpädagogik auf der Basis wissenschaftlicher Erkenntnisse über frühkindliche Bildungsprozesse.

1.1.1. Prinzip der Förderung der Gesamtpersönlichkeit

Ganzheitliche Bildungsprozesse initiieren

Eine zeitgemäße und kindorientierte Kleinkindpädagogik sieht das Kind in seiner Gesamtpersönlichkeit und unterstützt diese durch ganzheitliche Bildungsprozesse. Dabei werden kognitive, sozial-emotionale und motorische Aspekte gleichermaßen angesprochen, wodurch das Kind zu einer ganzheitlichen Auseinandersetzung mit der (Um-) Welt aufgefordert wird.

Alle Entwicklungsbereiche ansprechen

Die Gesamtpersönlichkeit wird durch die frühkindliche Lernform Spielen in besonderem Maße gefördert, da im Sinne der ganzheitlichen Bildung alle Entwicklungsbereiche angesprochen werden. Dies sollte auch bei geplanten Bildungsprozessen bzw. Projekten berücksichtig werden. Dafür ist es notwendig, Kinder durch Fragen, kniffl ige Problemstellungen und/oder Materialien zum Denken anzuregen. Emotionale Aspekte fließen durch das Zulassen und Verbalisieren von Gefühlen, Wünschen und Bedürfnissen der Kinder mit ein. Soziale Kompetenzen werden u. a. durch das Lernen in verschiedenen Sozialformen und den Umgang mit Konfliktsituationen erweitert. Wichtig ist auch, dass Kinder Gelegenheit zur handelnden Auseinandersetzung mit der Umwelt bekommen, z. B. wenn sie Experimente selbst durchführen. Insgesamt ist darauf zu achten, dass die Grundbedürfnisse der Kinder dieser Altersstufe nach Bewegung, Zuwendung, Autonomie, Exploration sowie kreativen Gestaltungsmöglichkeiten Berücksichtigung finden.

1.1.2. Prinzip der Lebensweltorientierung

Orientierung an den Erfahrungen der Kinder

Jedes Kind kommt als eigenständiges Individuum mit einer Fülle von Erfahrungen in den Kindergarten. Aufgrund seines Alters, seines Entwicklungsstandes, seiner Persönlichkeit sowie seiner individuellen Biografie zeigt es Interesse an unterschiedlichsten Bildungsinhalten. Durch die Verknüpfung eines neuen Inhalts mit bereits vorhandenen kindlichen Erfahrungen werden die transaktionalen Prozesse der Subjektivierung und der Aneignung in Gang gesetzt. Angebote, die an die Erfahrungs- und Erlebniswelt der Kinder anknüpfen, sprechen sie besonders an und motivieren zur selbsttätigen Auseinandersetzung. Dies ist umso wichtiger, je jünger ein Kind ist. Geeignet sind z. B. Inhalte wie Familie, Körper oder Freundschaften.

Über den Lebenshintergrund der Kinder Bescheid wissen

Pädagoginnen und Pädagogen müssen daher über die Lebensumwelt sowie den Erlebnishintergrund der Kinder Bescheid wissen. Dies wird durch Situationsanalyse, Elterngespräche und Beobachtung der Kinder erreicht. Individuelle Interessen der Kinder können durch aktives Zuhören und Nachfragen im Kindergartenalltag erfahren werden und bestimmen ebenfalls die (Projekt-) Planung mit. Auch fachliches Wissen über Entwicklungspsychologie und gesellschaftliche Veränderungen hilft bei der Auswahl von Themen, die für die Kinder relevant sind.

1.1.3. Prinzip der Individualisierung

Individuelle Bedürfnisse und Fähigkeiten berücksichtigen

Das Prinzip der Individualisierung meint die Berücksichtigung der individuellen Fähigkeiten jedes Kindes, die verstärkt und ausgebaut werden können (Schäfer, 2005). Dazu zählen Entwicklungsstand, Neigungen, Interessen, Begabungen, individuelle Lernfortschritte und unterschiedliche Lerngeschwindigkeiten der Kinder. Im besten Fall führt die Individualisierung zur Steigerung von Leistungsbereitschaft und Lernleistung.
Individuelle Förderung kann z. B. durch die Gestaltung der Räume, durch das Bereitstellen von Materialien, durch die Entwicklung und Umsetzung von Förderplänen sowie durch das Einbeziehen externer Fachkräfte erfolgen. Dazu sind qualitätsvolle strukturelle Rahmenbedingungen nötig, wie z. B. ein angemessener Personal-Kind-Schlüssel (vgl. Kapitel Pädagogische Qualität).

Entwicklungsgespräche geben Informationen

Um Informationen über die individuelle Entwicklung des Kindes, seine Interessen und Bedürfnisse auszutauschen, sind regelmäßige Entwicklungsgespräche mit den Eltern wünschenswert. Werden von Seiten des Kindergartens spezielle Bedürfnisse, Defizite oder Begabungen bei einzelnen Kindern bemerkt, ist es wichtig, diese Beobachtungen in einem Beratungsgespräch an die Eltern weiterzugegeben.
Dies beinhaltet auch die Empfehlung, externe Fachdienste, wie z. B. Ergotherapie, Logopädie etc. in Anspruch zu nehmen.

1.1.4. Prinzip der Differenzierung

Im Kindergarten befinden sich Kinder meist in heterogen zusammengesetzten Gruppen, die nach Alter und Entwicklungsstand der Kinder breit gestreut sind. Damit frühkindliche Lernprozesse nachhaltig und effektiv ablaufen können, ist Differenzierung notwendig. Dies bedeutet, dass Bildungsangebote in Klein- bzw. Teilgruppen, die hinsichtlich Alter, Entwicklungsstand und/oder kindlichen Interessen möglichst homogen sind, durchgeführt werden. Das Prinzip der Differenzierung steht in engem Zusammenhang mit Individualisierung.

Nach Entwicklungsstand und Interessen differenzieren

Um differenzierte Bildungsarbeit zu ermöglichen, sind Fachwissen über die kindliche Entwicklung und ein vielfältiges Methodenrepertoire der Pädagoginnen und Pädagogen notwendig. Dadurch können Bildungsinhalte für die jeweilige Zielgruppe interessant, aktivierend und anschaulich präsentiert werden. Die Kinder erhalten die Möglichkeit, Bildungsprozesse mitzugestalten und eigenständig zu lernen.

Selbstständigkeit der Kinder ermöglicht Differenzierung

Die Erziehung zu Autonomie und Selbstständigkeit im Kindergartenalltag, die am Anfang des Kindergartenjahres viel Aufmerksamkeit braucht, schafft Freiräume für differenzierte Bildungsangebote. Zur Umsetzung der Differenzierung sind personelle Ressourcen, ein durchdachter Dienstplan, eine günstige Raumgestaltung und die Ausnützung aller Räumlichkeiten besonders wichtig.

Bei bestimmten Angeboten, die der Individualität jedes Kindes viel Freiraum lassen, profitieren Kinder hingegen von einer breit gestreuten Gruppenzusammensetzung. Sie können dabei voneinander lernen und ahmen einander nach.

1.1.5. Prinzip der Entwicklungsgemäßheit

Passung beachten

– aufbauende Lernziele

Entwicklungsgemäßheit – auch als Passung bezeichnet – bedeutet, dass bei der Auswahl von Bildungsinhalten bereits erworbenes Wissen und Können der Kinder berücksichtigt und darauf aufbauende Lernziele angestrebt werden. Bekanntes gibt Kindern Orientierung und Sicherheit und ermöglicht ihnen, ihre Erfahrungen einzubringen – neue Inhalte sprechen ihre Neugierde an. Angebote und Aktivitäten sollten eine Herausforderung darstellen: Je schwieriger und komplexer sich eine Lernsituation gestaltet, umso mehr Gehirnareale sind bei ihrer Bewältigung aktiv und umso mehr Verbindungen zwischen Nervenzellen werden ausgebildet (Textor, 2002).

Über- und Unterforderung vermeiden

Überforderung führt jedoch dazu, dass das Kind aufgibt, sich abwendet und frustriert ist und so kein positives Selbstbild in Lernsituationen aufbauen kann. Unterforderung kann Langeweile und Abwendung vom Inhalt zur Folge haben. Die Aufgabe der Pädagoginnen und Pädagogen ist es, entwicklungsgemäße und herausfordernde Bildungsangebote zu ermöglichen.

1.1.6. Prinzip der Erfolgserlebnisse

Das Prinzip der Erfolgserlebnisse baut auf dem Prinzip der Entwicklungsgemäßheit auf. Ein wesentliches Ziel jeder Lernsituation ist die Erfahrung, eine Herausforderung erfolgreich zu bewältigen. Diese Erfolgserlebnisse stehen in direktem Zusammenhang mit der Ausschüttung von Botenstoffen im Gehirn, sogenannten Neurotransmittern. Ein wichtiger Botenstoff für das Lernen ist Dopamin. Es sorgt für eine bessere Funktion des Frontalhirns, welches der Sitz von Planung, Konzentration und Durchhaltevermögen ist. Außerdem bewirkt Dopamin die Freisetzung opiumähnlicher Stoffe, die wiederum ein Glücksgefühl erzeugen. „Die Ausschüttung von Dopamin erfolgt, wenn wir etwas Neues erleben, das besser ist als erwartet, also etwas gutes Neues. Und diese Ausschüttung hat zur Folge, dass gelernt wird, was gerade der Fall ist" (Spitzer, 2006, S. 228). Eine gemeisterte Aufgabe kann dieses Gefühl der Befriedigung ebenso auslösen wie Lob oder ein anerkennender Blick. Dadurch lernt das Kind, wie es dies erreichen kann, und entwickelt Motivation, Neugierde und Lust auf weitere Lernprozesse. Darüber hinaus werden Selbstbewusstsein und Selbstwert des Kindes gestärkt (Spitzer, 2006).

Erfolg motiviert

Dopamin bewirkt Glücksgefühle

✓ Motivation, Neugierde und Lust auf weitere Lernprozesse

Wenn ein Kind hingegen immer wieder an Lernanforderungen scheitert, könnte es langfristig die Freude am Lernen verlieren.

Pädagoginnen und Pädagogen sollten Lernsituationen so gestalten, dass die gestellten Anforderungen vom Kind bewältigt werden können und es dadurch motiviert wird durchzuhalten. Eine wichtige Voraussetzung dafür ist ein wertschätzendes Lernklima, in dem Fehler akzeptiert werden und als Chance für neue Erkenntnisse gelten. Günstig sind unstrukturierte Materialien sowie solche, die das Kind durch die Möglichkeit der Selbstkorrektur und Selbstkontrolle von Hilfestellung und Lob der Erwachsenen unabhängig machen.

wichtige Voraussetzung: wertschätzendes Lernklima: Fehler als Chance für neue Erkenntnisse

Da Kinder ihre Leistungen miteinander vergleichen und sich selbst, aber auch andere Kinder bewerten, sind pädagogische Interventionen dann notwendig, wenn (Selbst-) Abwertung einzelner Kinder und deren Leistungen zu beobachten ist.

1.1.7. Prinzip der Aktivität des Kindes

Kinder haben von Geburt an das Bedürfnis, selbsttätig und aktiv zu explorieren, ihre Umwelt zu gestalten und Erfahrungen zu sammeln. Aktivität umfasst dabei sowohl praktisches Tun als auch kognitive Prozesse, wie Wiederkennen, Erinnern, Hypothesen bilden etc. In der handelnden Auseinandersetzung mit der materialen und sozialen Umwelt werden verschiedene Entwicklungsbereiche angeregt, Sinneswahrnehmungen differenziert und Denkprozesse initiiert.

Kinder wollen selbsttätig lernen

Neurobiologische Erkenntnisse belegen, dass durch Aktivität und Handeln Gedächtnisspuren im Gehirn entstehen. Dadurch werden neuronale Netzwerke nachhaltig geprägt und neue Informationen leichter verarbeitet (Spitzer, 2006; vgl. Kapitel Grundlagen des Lernens).

Aktivierung durch eine strukturierte Umgebung

Pädagoginnen und Pädagogen sollten eine aktivierende Umwelt mit vielfältigen Möglichkeiten zur Selbsttätigkeit und Selbstständigkeit gestalten. Wesentlich dafür ist – im Sinne des Raumteilverfahrens – die bewusste Strukturierung des Gruppenraumes in unterschiedliche Spielbereiche, die das ungestörte schöpferische Spiel zulassen. Weiters ist der freie Zugang zu vielfältigen abwechslungsreichen Materialien notwendig, damit Kinder zum Spielen, Explorieren, Ausprobieren und Vertiefen angeregt werden und sich als handelnde Subjekte erfahren. Es ist jedoch darauf zu achten, dass es aufgrund des Materialangebots nicht zu Reizüberflutung kommt, die die konzentrierte Beschäftigung der Kinder verhindert. Materialien und Bereiche sollten sich an den Interessen der Kinder orientieren und gezielt ergänzt bzw. ausgetauscht werden.

Zweckfreies Explorieren

In der Auseinandersetzung mit neuen Materialien haben Kinder das Bedürfnis nach zweckfreier Exploration, um sich mit deren Beschaffenheit und Eigenschaften vertraut zu machen. Im Transaktionsansatz wird dies als Aneignung bezeichnet und schafft die Basis für ziel- und produktorientierte Prozesse der Vergegenständlichung (Hartmann et al., 2006).

Selbsttätigkeit unterstützen

Jedes Kind benötigt während des Freispiels und bei Angeboten ausreichend Zeit zur Selbsttätigkeit. Bewusst eingesetzte pädagogische Interventionen – wie etwa sprachliche Ermutigung oder ein kleiner Hinweis –, die der Tätigkeit des Kindes nicht vorgreifen, unterstützen bei der Entwicklung eigener Problemlösestrategien. Die viel zitierte Aussage von Maria Montessori „Hilf mir, es selbst zu tun" hat bis ins 21. Jahrhundert Gültigkeit.

1.1.8. Prinzip des Lernens mit allen Sinnen

Wahrnehmen mit allen Sinnen

einprägsamere Erfahrung

Kinder wollen „be-greifen"

Kinder wollen die Welt mit allen Sinnen erfahren. Dazu gehört die visuelle, auditive, olfaktorische, gustatorische und taktile sowie die kinästhetische, vestibuläre und propriozeptive Wahrnehmung. Durch das Wahrnehmen mit allen Sinnen lernen Kinder ihre Umwelt im wahrsten Sinne des Wortes zu „be-greifen". Je mehr Sinneskanäle in dieser Auseinandersetzung aktiviert werden, umso einprägsamer ist die Erfahrung und umso komplexer die bio-psychische Repräsentation im Gehirn. Ihrem Alter entsprechend benötigen Kinder vor allem Erfahrungen über den Tastsinn, um Dreidimensionalität und Eigenschaften eines Gegenstandes zu erleben.

Im Sinne von Aneignungsprozessen nach dem Transaktionsansatz sind vielfältige Materialien, reale Objekte und Medien zur sinnlichen Wahrnehmung nötig, die Bildungsprozesse initiieren und/oder in Gang halten.

1.1.9. Prinzip der Veranschaulichung

Kindliche Lernprozesse sind nachhaltiger, wenn Lerninhalte anschaulich präsentiert und erfahrbar gemacht werden. Das Prinzip der Veranschaulichung bezieht sich auf reale Objekte, Orte und Prozesse, die möglichst wirklichkeitsnahe erlebt werden sollten. Die Anschauung wird durch das Ansprechen mehrerer Sinne vertieft.

Reale Objekte unterstützen Lernprozesse

Bei Bildungsangeboten ist der reale Gegenstand selbst das beste Anschauungsmaterial. Als Ersatz dienen möglichst realitätsnahe, sachrichtige Modelle, Fotos oder Zeichnungen sowie auf der Abstraktionsebene sprachliche Begriffe.

Die Veranschaulichung von Zusammenhängen und Prozessen unterstützt Kinder dabei, diese zu durchschauen und den logischen Aufbau zu verstehen. Dadurch werden sie beim selbstständigen Handeln unterstützt. Beispiele dafür sind die Darstellung eines Faltvorgangs, eines Kochrezepts, der Entstehung des Wetters etc.

Prozesse sichtbar machen

↳ Kinder können den Pr. durchschauen und verstehen

Materialien und Medien zur Veranschaulichung, wie reale Gegenstände, Bilder bzw. Wandplakate, die in Augenhöhe und Reichweite der Kinder platziert sind, regen selbstständige und vertiefende Lernprozesse in der Freispielphase an.

Bei der Auswahl realer Objekte bzw. Orte sind Gefahrenquellen und Aspekte der Hygiene zu berücksichtigen. Ist die Begegnung mit realen Objekten bzw. Orten zu einem Thema, z. B. Baustelle, nicht möglich, kann auf die Spielebene ausgewichen werden. Dies wird durch entsprechende Spielmaterialien – z. B. Bagger, Lastauto und Baumaterial – unterstützt (Niederle, 2005a).

Präsentation von Anschauungsmaterialien in der Gruppe

1.1.10. Prinzip der Selbstwirksamkeit

Das Prinzip der Selbstwirksamkeit bezieht sich darauf, dass ein Mensch aktiv auf seine Umwelt Einfluss nehmen und sie gestalten kann. Im Transaktionsansatz wird dies durch Prozesse der Vergegenständlichung besonders betont, die maßgeblich für die Identitätsentwicklung sind. Voraussetzung für das Erleben von Selbstwirksamkeit sind vielfältige Möglichkeiten, selbst bestimmt und autonom zu handeln. Das Prinzip der Selbstwirksamkeit steht in engem Zusammenhang mit den Erkenntnissen der Resilienzforschung. Diese besagen, dass Menschen, die gelernt haben, ihr Leben aktiv zu gestalten, besser mit traumatischen Erlebnissen und Erfahrungen umgehen und sie überwinden können. Daher sollten eine aktive Lebensgestaltung und das Bewusstsein dafür bereits im Kindergarten mit entsprechenden Methoden gestärkt werden.

Aktive Gestaltung des eigenen Lebens fördern

Kinder übernehmen Verantwortung

Kinder benötigen vielfältige Möglichkeiten, Verantwortung zu übernehmen und werden so bei der Entwicklung von Kommunikationsfähigkeit, Problemlöse- und Handlungskompetenz, Leistungsorientierung und Selbstvertrauen unterstützt. Förderlich sind weiters Erfahrungen der Transzendenz, d. h. das Überschreiten der Grenzen von Erfahrung und Bewusstsein, z. B. in philosophischen Gesprächen.

1.1.11. Prinzip der Orientierung und Sicherheit

Sicherheit durch räumliche und zeitliche Strukturen

Räumliche und zeitliche Strukturen bilden Fixpunkte im Alltag und geben Kindern Orientierung und Sicherheit. Das Wissen der Kinder über Funktionsbereiche, Materialaufbewahrung und geplante Bildungsangebote gibt ihnen die Möglichkeit, diese selbstständig zu nutzen und stellt eine wichtige Grundlage für selbst organisierte Bildungsprozesse dar. Je jünger Kinder sind, umso bedeutender sind diese Orientierungsrahmen. Dies betrifft insbesondere stabile Beziehungen zu vertrauten Personen.

Regeln und Gebote geben Orientierung

Das Prinzip der Orientierung und Sicherheit bezieht sich auch auf das Aufstellen von Regeln, Ge- und Verboten im Kindergarten. Für das Zusammenleben in einer Gruppe sind diese unumgänglich, da sie Kindern auch Sicherheit im Alltag geben. Im Sinne des Transaktionsansatzes können Regeln auch gemeinsam mit den Kindern überlegt werden. Dies führt dazu, dass sie sich damit besser identifizieren können und es ihnen leichter fällt, diese einzuhalten. Damit es jedoch nicht zu einer Überforderung kommt, finden Mitgestaltungsprozesse in einem kindgerechten und für die Kinder überschaubaren Rahmen statt. Ge- und Verbote werden hingegen von den Pädagoginnen und Pädagogen aufgestellt und dienen dem psychischen und physischen Schutz und der Gesundheit der Kinder.

Veranschaulichung erleichtert das Einhalten von Regeln

Die Veranschaulichung von Regeln, Ge- und Verboten unterstützt die Kinder dabei, diese einzuhalten, z. B. mittels Fotos von verschiedenen Situationen, die Händewaschen erforderlich machen.

1.1.12. Prinzip der Übung

Wiederholen intensiviert Gedächtnisspuren

Das Prinzip der Übung entspricht dem Bestreben des Kindes, seine eigene Entwicklung voranzutreiben. Ziele jeder Übung sind die Erfolgssicherung und die Festigung von Fertigkeiten und Fähigkeiten. Kinder lieben Wiederholungen, weil sie dadurch Sicherheit erleben und merken, dass Inhalte über längere Zeit Bestand haben. Durch Üben, Wiederholen und Anwenden des neu Gelernten kommt es zu nachhaltigen Gedächtnisspuren im Gehirn, die die Verarbeitung ähnlicher Lerninhalte und den Transfer auf neue Aufgabenstellungen erleichtern. Beim Prinzip der Übung wird zwischen Wiederholung und Variation unterschieden: Beim Wiederholen bleiben der Handlungsablauf und der Schwierigkeitsgrad gleich. Die Variation stellt hingegen eine geringfügige Veränderung des Prozesses und/oder Steigerung des Schwierigkeitsgrades dar.

Variationen erhalten das Interesse am Lernprozess

Beim Wiederholen von Abläufen und Inhalten im Kindergarten ist darauf zu achten, dass die Freude und das Interesse am Tun durch Variationen und die Berücksichtigung des Prinzips der Entwicklungsgemäßheit erhalten bleiben.

1.1.13. Prinzip der Kreativität

Kreativität kommt im Kindergartenalter durch schöpferisches Spielen und Gestalten sowie durch originelle Denkprozesse zum Ausdruck (vgl. Kapitel Grundlagen des Lernens). Pädagoginnen und Pädagogen, die selbst kreative Arbeitsmethoden kennen, Veränderungen zulassen sowie Spontaneität und innere Freiheit für Originelles und Neues entwickelt haben, schaffen ein kreativitätsförderndes Klima.

Eine anregungsreiche Umwelt unterstützt kreative Prozesse

Unstrukturierte Materialien und solche, die keinen Lösungsweg vorgeben, unterstützen schöpferisches Handeln. Zweckentfremdung von Materialien kann je nach Situation toleriert werden, z. B. Bauen mit Dominosteinen.

Haltungen und Methoden, die kreative Verhaltensweisen von Kindern, wie Staunen, Fragen und Infragestellen fördern, sind:

Kreativitätsfördernde Haltung

- den Kindern Zeit für eigene Entdeckungen geben,
- die Phase der Exploration nicht unterbrechen,
- Kinder durch Fragen anleiten,
- für Ideen der Kinder offen sein,
- bei der Umsetzung ihrer Ideen gegebenenfalls behilflich sein,
- Ausnahmen bei Geboten machen,
- Unordnung und „kreatives Chaos“ zulassen,
- individuelle symbolische Ausdrucksweisen einzelner Kinder anerkennen u. v. m.

Grundsätzlich sollte der Ideenreichtum der Kinder positiv bewertet werden, auch wenn die Umsetzung nicht immer möglich ist, z. B. eine Turnmatte zu zerschneiden, wenn sich zwei darum streiten.

1.1.14. Prinzip der Sachrichtigkeit

Bildungsangebote müssen sachrichtig sein

Sachrichtigkeit ist gegeben, wenn Pädagoginnen und Pädagogen in einer sachrichtigen Sprache Wissen vermitteln sowie reale Situationen thematisieren. Durch Fragen und ergänzende Anmerkungen werden das logische Denken sowie das Erfassen von Zusammenhängen gefördert. Themen für sachrichtige Bildungsangebote sind z. B. Lebensweisen von Tieren, physikalische Experimente, das Leben in anderen Kulturen, Sexualerziehung etc. Sachrichtige Darstellungen setzen manchmal abstrakte Denkvorgänge voraus. Angebote sollten daher so ausgewählt werden, dass Kinder die Zusammenhänge ihrem Entwicklungsstand entsprechend erfassen und verstehen können. Kinder können unter Anleitung bereits sachrichtige Methoden bei der Erforschung ihrer Umwelt, der Organisation von Arbeitsvorgängen und der Lösung technischer Probleme anwenden (Niederle, 2005a).

Wissen gemeinsam aneignen

Entsprechendes Wissen der Pädagoginnen und Pädagogen ist notwendig, um die Fragen der Kinder sachrichtig beantworten zu können. Darüber hinaus ist es wichtig, eigene Wissenslücken zuzugeben und gemeinsam mit den Kindern zu recherchieren. Dadurch werden lernmethodische Kompetenzen gefördert.

1.2. Gesellschaftlich bedingte Prinzipien

Im Kindergarten spiegeln sich unterschiedliche gesellschaftliche Gegebenheiten wider. Die folgenden Prinzipien bilden die Basis einer Kindergartenpädagogik, die das Kind als Teil der Gesellschaft sieht und zu einer aktiven und erfolgreichen Lebensbewältigung befähigt.

1.2.1. Prinzip der Partizipation (teilnehmen lassen, gemeinsam entscheiden)

Kinder wollen mitentscheiden

Partizipation bedeutet, mit Kindern in einen wechselseitigen Dialog zu treten, sie in Entscheidungsprozesse einzubeziehen und ihnen dadurch Handlungs- und Gestaltungsmöglichkeiten zu eröffnen. So können Kinder Schlüsselkompetenzen erwerben, die in unserer Gesellschaft immer mehr an Bedeutung gewinnen: unterschiedliche Standpunkte verstehen, eigene Interessen vertreten, Bewältigungsstrategien für Konflikte finden u. v. m. Die Ermöglichung von Partizipation geht Hand in Hand mit einem transaktionalen Bildungsverständnis: Die Wünsche und Ideen der Kinder fließen in die Bildungsarbeit ein, wie z. B. bei der Planung und Umsetzung eines Festes oder eines Projektes sowie beim gemeinsamen Formulieren von Gruppenregeln. Pädagoginnen und Pädagogen achten darauf, dass alle Kinder zu Wort kommen und ihre Wünsche ausdrücken, z. B. im Rahmen einer Kinderkonferenz.

Kinder bei Partizipationsprozessen unterstützen

Entscheidungsmöglichkeiten sollten dabei kindgerecht und für die Kinder überschaubar präsentiert werden. Ebenso wesentlich ist es, dass nicht nur die Entscheidungen der Mehrheit umgesetzt werden, sondern auch Wünsche von wenigen berücksichtigt werden.

1.2.2. Prinzip der Mehrsprachigkeit

Mehrsprachigkeit als Ressource

Unabhängig davon, ob mehrsprachige Kinder den Kindergarten besuchen, sollte Mehrsprachigkeit als Prinzip im pädagogischen Konzept verankert sein und im Alltag einfließen. Mehrsprachigkeit ist eine gesellschaftliche Realität und als Ressource zu sehen. Durch Materialien und Bildungsangebote, die sich auf verschiedene Sprachen beziehen, erleben die Kinder die Vielfalt von Sprachen und Schriften. Dazu zählen z. B. Bilderbücher, Hörmedien, Plakate etc.

Mehrsprachigkeit leben

Die Mehrsprachigkeit von Kindern sollte nicht nur punktuell, sondern kontinuierlich gefördert werden. Aktuelle Erkenntnisse der Forschung belegen die Bedeutung der Erstsprache als Voraussetzung für jeden weiteren Spracherwerb (de Cillia, 2008). Daher muss im Kindergarten nicht nur der Erwerb der deutschen Sprache unterstützt, sondern auch die Erstsprache der Kinder respektiert und zugelassen werden.

Förderung der Erstsprache

Dafür bieten sich z. B. die Verwendung von Wörterbüchern, das Anlegen eines individuellen Wörterbuchs, Tafeln am Kaufladen mit mehrsprachigen Beschriftungen etc. an. Im besten Fall stehen mehrsprachige Fachkräfte zur Verfügung, die den Erwerb und die Weiterentwicklung der Erstsprache begleiten.

1.2.3. Prinzip der Kultursensibilität

Kulturelle Vielfalt integrieren

Dieses Prinzip steht eng im Zusammenhang mit dem Prinzip der Mehrsprachigkeit und gilt ebenfalls unabhängig davon, ob und wie viele Kinder mit Migrationserfahrung einen Kindergarten besuchen. Ein zeitgemäßes pädagogisches Konzept ist kultursensibel. Die zunehmende kulturelle Vielfalt der Gesellschaft ist eine Herausforderung, die als Chance wahrgenommen und in der pädagogischen Auseinandersetzung zur Ressource werden kann. Ziele sind die bewusste Anerkennung von Verschiedenheit, die Wertschätzung von Individualität, das Nutzen der Potenziale von Unterschiedlichkeit und die Förderung von Vielfalt und Offenheit (Stuber, 2005). Darüber steht als oberstes Prinzip das friedvolle Zusammenleben in der Kindergartengruppe.

Kinder nehmen Vorurteile wahr

Das Prinzip der Kultursensibilität spielt auch im Anti-Bias-Approach eine wichtige Rolle. Dieses Konzept zur vorurteilsbewussten Erziehung wurde in den Achtziger Jahren von der Pädagogin Derman-Sparks entwickelt und beruht auf der Erkenntnis, dass Kinder von klein auf gesellschaftliche Vorurteile und Diskriminierungen wahrnehmen und aufnehmen. Diese Vorurteile können durch entsprechende Bildungsarbeit bewusst gemacht und verändert werden (Wagner, 2005). Pädagoginnen und Pädagogen agieren an einer Schlüsselstelle der Gesellschaft. Sie müssen sich ihrer eigenen Haltungen und Werte bewusst werden und sich

Vorurteile bewusst machen

Interkulturelle Materialien und Aktivitäten anbieten

mit ihren Vorurteilen auseinandersetzen. Erst dadurch sind sie in der Lage, Vorurteilen im Kindergarten entsprechend zu begegnen und Vorbildwirkung zu haben. Diese bewusste Auseinandersetzung erfordert eine kontinuierliche Reflexion und ist die Basis des kultursensiblen Handelns. Durch Bildungs- und Spielmaterialien, die kulturelle und ethnische Verschiedenartigkeit repräsentieren, erfahren Kinder kulturelle Vielfalt. Dazu zählen u. a. Bücher, Bilder, Musikkassetten, Spiele, Puppen, Kleidungsstücke, Kochgeschirr etc. Die Akzeptanz individueller Unterschiede wird weiters durch regelmäßige Aktivitäten, wie z. B. Singen in mehreren Sprachen, Zubereiten internationaler Gerichte, kulturell geprägte Feste und Erzählen von Märchen aus anderen Kulturkreisen gefördert (Tietze et al., 2007). Wesentlich ist, dass vorrangig der kulturelle Hintergrund der Kinder der Gruppe angesprochen und mit einbezogen wird.

1.2.4. Prinzip der Geschlechtssensiblität

Sex und Gender

In der Literatur wird zwischen den englischen Begriffen „Sex" und „Gender" unterschieden. Während „Sex" die biologischen Merkmale meint, die Frauen und Männer voneinander unterscheiden, bezieht sich „Gender" auf gesellschaftlich und kulturell geprägte Geschlechterbilder, die die geschlechtsspezifische Sozialisation und die Entwicklung von Mädchen und Buben prägen (Behnisch, 2007).

Geschlechtssensibles Agieren

Sprache gendergerecht einsetzen

Da sich die pädagogische Arbeit im Kindergarten immer auf Mädchen und Buben bezieht, müssen Grundsätze der geschlechtssensiblen Pädagogik in allen Bildungsprozessen mitbedacht und berücksichtigt werden. Pädagoginnen und Pädagogen sollten über fundiertes Wissen über geschlechtsspezifische Sozialisation und die sexuelle Entwicklung des Kindes verfügen (vgl. Meilensteine der Entwicklung). Wichtig ist eine kritische Reflexion eigener Haltungen und Interpretationen in Bezug auf Geschlechterverhältnisse und „geschlechtstypisches" Verhalten von Mädchen und Buben. Da die Sprache Werte und Normen transportiert und der Sprachgebrauch maßgebliches Ausdrucksmittel eigener Einstellungen ist, ist die regelmäßige Reflexion des Sprachverhaltens notwendig. Eine geschlechtergerechte Sprache, die Mädchen und Buben gleichwertig benennt und ihnen keine „typischen" Eigenschaften zuschreibt, hat eine wichtige Vorbildwirkung für die Kinder (Hartmann, Hajszan, Pfohl-Chalaupek, Stoll & Hartel, in Druck).

Weitere wichtige Aspekte einer geschlechtssensiblen Bildungsarbeit reichen von der kritischen Begutachtung der angebotenen Materialien bis hin zu einer durchdachten Raumgestaltung und der Reflexion der Regeln im Kindergarten.

1.2.5. Prinzip der Zeit und Ruhe für Bildungsprozesse

Im Zeitalter zunehmender Hektik und Leistungsanforderungen sind stressfreie Lebensräume v. a. in den frühen Lebensjahren wichtig. Der Kindergarten sollte ein solcher Lebensraum sein und sich bewusst von äußeren Ansprüchen, die diesem Prinzip entgegenstehen, abgrenzen. Er sollte sich als Oase verstehen, wo Kinder in ihrem individuellen Tempo lernen können. „Im Kindergarten können Alternativen zur Alltagshast erlebbar gemacht werden: Schauen, Trödeln, Nachdenken und Hinhören und Behutsamkeit gegenüber Dingen und Menschen sind Möglichkeiten, erfüllte Augenblicke zu erleben. (...) Lässt man den Kindern viel Zeit für ihr eigenes Spiel, ihr eigenes Tempo beim Erkunden und Erforschen der Dinge, vermittelt man ihnen Vertrauen in ihre eigenen Kompetenzen, alleine zu spielen und Probleme und Konflikte selbst zu lösen“ (Bäck, Bayer-Chisté & Hajszan, 2006, S. 39).

Im individuellen Tempo lernen können

Dazu ist es notwendig, dass Pädagoginnen und Pädagogen ihren eigenen Umgang mit Zeit reflektieren und eine Atmosphäre der Gelassenheit schaffen. Im Sinne des Transaktionsansatzes sollte neben den Bildungsangeboten genügend Zeit für selbst gesteuerte Erkundung und Vertiefung zur Verfügung stehen. Vorschnelles Eingreifen in Lernprozesse ist ebenso zu vermeiden wie Zeitdruck. Im Vordergrund steht die Ermutigung der Kinder, in ihrem individuellen Lerntempo selbst Lösungen für Lernaufgaben zu finden. Dazu sind auch junge Kindergartenkinder fähig: Bereits Zweijährige zeigen alle wesentlichen Schritte des Problemlösens (Oerter & Montada, 2002). Dies führt dazu, dass Kinder Erfolgserlebnisse haben und einen positiven Zugang zu Lernen und Leistung entwickeln.

Atmosphäre der Gelassenheit schaffen

1.2.6. Prinzip der Beziehung und des Dialogs

Gesellschaftliche Veränderungen sowie der zunehmende Einfluss der Medien und moderner Kommunikationstechnologien führen zu einer gravierenden Änderung des Beziehungs- und Dialogverhaltens. Es bleibt weniger Zeit für Gespräche und die Bereitschaft zuzuhören verringert sich. Seiwert (2001) meint, dass die ungeteilte Aufmerksamkeit eines Menschen zu einem immer selteneren Gut in der Gesellschaft wird. Dies betrifft natürlich auch Kinder. Sie brauchen Menschen, die mit ihnen in Beziehung treten, an ihnen Interesse haben und ihnen zuhören. Pädagoginnen und Pädagogen achten daher bewusst auf den Umgang mit Gesprächen und versuchen, mit allen Kindern der Gruppe regelmäßig in Kontakt zu treten.

Zuhören und Zeit für Gespräche

Der Aufbau einer Beziehung zu jedem einzelnen Kind in der Gruppe braucht viel Zeit. Die Kontaktaufnahme kann z. B. durch Gespräche, vom Kind gewünschten Körperkontakt, gemeinsames Spiel oder auch durch interessierte Anteilnahme erfolgen. Der Beziehungsaufbau und die Beziehungsgestaltung haben am Beginn des Kindergartenjahres Priorität und müssen im Alltag berücksichtig werden.

Mit Kindern Beziehungen aufbauen und intensivieren

Im Laufe des Jahres sollten kontinuierlich Zeiten eingeplant werden, um die Beziehungen mit allen Kindern bewusst zu vertiefen. Eine vertrauensvolle Beziehung bietet die Grundlage für autonom gesteuerte Lernprozesse der Kinder, die ihre Umwelt aktiv und neugierig erkunden und gestalten.

1.2.7. Prinzip der Umweltoffenheit

Kinder wollen an der Erwachsenenwelt teilnehmen

Kinder wachsen heute zunehmend in isolierten, speziell für sie gestalteten Lebensräumen auf, wie z. B. Kindergarten, Spielplatz, Musikschule etc. Aufgrund dieser „Verinselung des kindlichen Lebensraumes" (Zeiher, 1995) können sie immer weniger an der Erwachsenenwelt teilhaben und erhalten kaum Gelegenheit, diese zu durchschauen. Daher ist es notwenig, dass sich der Kindergarten nach außen öffnet und Kindern Erfahrungen mit der äußeren Umwelt ermöglicht. Das umweltoffene Arbeiten führt zu einer Erweiterung des Lern- und Handlungsraumes der Kinder durch das Einbeziehen der Erwachsenenwelt in die Bildungsarbeit. Nach Feiner, Niederle und Michelic (1985) können Kindern dabei folgende Möglichkeiten angeboten werden:

Arbeitsprozesse erleben

- Sie schauen Erwachsenen bei ihren Tätigkeiten zu.
- Sie werden von Erwachsenen als Mitarbeiterinnen und Mitarbeiter akzeptiert.
- Sie hantieren mit Gegenständen aus der Erwachsenenwelt.
- Sie führen Arbeitsvorgänge durch.
- Sie besuchen Orte und Einrichtungen in der näheren Umgebung.

Beispiele dafür sind die Einladung eines Elternteils, der ein Musikinstrument vorstellt, die Teilnahme an Reparatur- und Reinigungsarbeiten im Kindergarten oder der Besuch eines nahe gelegenen Marktes, einer Baustelle oder Apotheke.

1.2.8. Prinzip der Bildungspartnerschaft

Die Zusammenarbeit mit Eltern im Sinne einer Bildungspartnerschaft ist ein wesentliches Prinzip der transaktionalen Kindergartenpädagogik. Das Beteiligen und aktive Einbeziehen der Erziehungsberechtigten als Expertinnen und Experten ihrer Kinder unterstützt den Kindergarten bei der Bewältigung seiner Erziehungs- und Bildungsaufgaben.

Mit Eltern zusammenarbeiten

Das pädagogische Handeln der Fachkräfte sollte für Eltern fachlich begründet transparent gemacht werden. Plakate, Elternzeitungen und Tür- und Angelgespräche können laufend über Zielsetzungen und Lernprozesse sowie das aktuelle Geschehen im Kindergarten informieren. Durch Weitergabe von Inhalten wie Regeln, Liedern oder Spielanleitungen wird die Vertiefung der Bildungsprozesse in der Familie möglich (vgl. Kapitel Bildungspartnerschaft mit Eltern).

2. GRUNDLAGEN VON BILDUNGSPROZESSEN

Didaktik der Balance

Didaktik hat die Ausgewogenheit zwischen folgenden Aspekten zum Ziel:

- kognitiven, sozialen, emotionalen und motorischen Anforderungen
- Kreativität und logischem Denken
- regelgebundenem und freiem Spiel
- Freispiel und Bildungsangebote
- bewegungsintensiven Zeiten und Ruhe
- Zeiten der Konzentration und der Entspannung
- Prozessen der Aneignung, Subjektivierung, Objektivierung und Vergegenständlichung

Für die Gestaltung von Bildungsprozessen sind folgende grundsätzliche Überlegungen bedeutsam:

2.1. Methodische Reihe

Der Begriff Methode ist vom griechischen Wort méthodos abgeleitet und bedeutet „Weg zu etwas hin" (Duden, 2000). Eine Methode ist eine geplante Vorgangs- bzw. Verfahrensweise, die sich auf ein bestimmtes Ziel bezieht.

Aufbauende Lernschritte planen

Eine methodische Reihe ist ein zielgerichteter Prozess von Lernschritten, die aufgrund entwicklungspsychologischer und pädagogischer Überlegungen aufeinander aufbauen. Folgende Prinzipien sind dabei zu berücksichtigen:

- vom Bekannten zum Neuen
- vom räumlich, zeitlich und seelisch Nahen zum Fernen
- vom Einfachen zum Komplizierten
- vom Konkreten zum Abstrakten
- vom prozessorientierten zum produktorientierten Tun

Bis zur Erreichung des Bildungsziels kann sich die methodische Reihe über mehrere Tage oder Wochen ziehen. Langfristige Bildungsprozesse, Wiederholungen, Anwendungen und Vertiefungen stehen dabei im Vordergrund.

Vorgehensweise bei der methodischen Reihe

Folgende Stufen bauen aufeinander auf:

VORAUSSETZUNGEN SCHAFFEN

Kinder können aufgrund ihrer Entwicklung mit einem Material umgehen oder werden gezielt dafür gefördert.

Material, Werkzeug und Arbeitsbehelfe werden beschafft.

Aufbewahrung und Platz für Materialien, Zeitrahmen für die Auseinandersetzung werden überlegt.

Regeln für den Umgang werden besprochen.

ERFAHRUNGEN SAMMELN

Kinder experimentieren mit dem Material, werden damit vertraut und lernen seine Beschaffenheit kennen.

Zufällige Produkte entstehen.

Unterstützende Begleitung durch Pädagoginnen und Pädagogen.

Prozessorientiertes Tun steht im Vordergrund.

KÖNNEN FESTIGEN

Zufallsprodukte werden bewusst wiederholt.

Kinder experimentieren weiterhin.

Prozessorientiertes Tun steht weiter im Vordergrund.

ERLERNTES ANWENDEN

Kinder können das Erlernte situationsgerecht anwenden.

Neues Wissen und neue Erfahrungen werden integriert und an geeigneten Stellen bewusst eingesetzt.

Der Transfer auf einen anderen Inhalt ist möglich.

Kinder können mit dem Material gezielt Produkte schaffen.

2.2. Sozialformen

Die Sozialform beschreibt die Anzahl der Kinder, die miteinander im Alltag und im Freispiel interagieren bzw. für ein Bildungsangebot zusammenkommen.
Soukup (2005) nennt folgende Sozialformen:

Individuelle Auseinandersetzung mit der Umwelt

- **Einzelbeschäftigung** meint die individuelle Auseinandersetzung eines Kindes mit seiner Umwelt, z. B. ein Bilderbuch betrachten, sich die Hände waschen, zeichnen etc. Das Kind interagiert mit keiner anderen Person, daher fällt die soziale Komponente weg. Kinder, die alleine spielen bzw. sich mit Materialien auseinander setzen wollen, die nur für ein Kind bestimmt sind, wählen diese Form. Jüngere Kinder bevorzugen die Einzelbeschäftigung aus entwicklungspsychologischen Gründen.

Zu zweit spielen und lernen

- **Partnertätigkeit** meint die Auseinandersetzung mit der Umwelt gemeinsam mit einem zweiten Kind oder einem Erwachsenen. Dadurch gewinnt die soziale Komponente an Bedeutung. Beide Partnerinnen bzw. Partner können sich in hohem Maße aktiv beteiligen und einbringen. Partnerarbeiten eignen sich v. a. für die Einzelförderung von Kindern mit besonderen Begabungen oder mit Entwicklungsrückständen sowie für jüngere Kinder.

In kleinen Gruppen interagieren

- **Kleingruppe** meint eine Gruppe von ca. 3 bis 6 Kindern, die gemeinsam spielen und lernen. Erwachsene können daran beteiligt sein. Aufgrund der geringen Kinderanzahl kann sich jedes einzelne Kind aktiv in den Kommunikationsprozess einbringen. Diese Sozialform wird daher im Freispiel sowie von älteren Kindern mit bereits weiter entwickelten sozialen Kompetenzen gewählt. Auch für die meisten Bildungsangebote, wie z. B. Buchbetrachtung oder Einführen von Instrumenten, Gedichten und Fingerspielen bietet die Kleingruppe unter Berücksichtigung des Alters und des Entwicklungsstandes der Kinder ideale Bedingungen, um alle transaktionalen Prozesse zu ermöglichen. Pädagoginnen und Pädagogen können sich partnerschaftlich am Prozess beteiligen und jedes einzelne Kind ansprechen.

Bildungsangebote für Teilgruppen

- **Teilgruppe** meint eine größere Anzahl von ca. 7 bis 12 Kindern, die mit oder ohne Erwachsene an der Auseinandersetzung mit der Umwelt beteiligt sind. Im Freispiel finden sich Kinder seltener zu dieser Sozialform zusammen. Manche Bildungsangebote, wie z. B. Tänze, Bewegungsspiele, Rhythmik oder Geschichten erzählen können mit einer größeren Anzahl von Kindern durchgeführt werden. Bei der Gruppenzusammensetzung ist jedoch auf Alter und Entwicklungsstand zu achten. Die Pädagogin/der Pädagoge übernimmt bei einer Teilgruppe die Leitungsrolle und kann sich weniger auf einzelne Kinder einlassen.

Gesamtgruppe zur Stärkung des Gemeinschaftsgefühls

- **Gesamtgruppe** umfasst alle Kinder einer Gruppe und dient in erster Linie der Förderung des Gemeinschaftsgefühls. Die Pädagogin/der Pädagoge muss sich dabei ihrer/seiner Leitungsfunktion bewusst sein und kann nur wenig auf einzelne Kinder eingehen. Aktivitäten in der Gesamtgruppe stärken das Gemeinschaftsgefühl und sollten täglich durchgeführt werden. Nach Tietze et al. (2007) sind sie jedoch auf kurze Perioden, die dem Alter und der Aufmerksamkeitsspanne der Kinder entsprechen, zu beschränken. Jüngere Kinder und Kinder mit Beeinträchtigungen, für die diese Sozialform überfordernd sein könnte, dürfen anderen Aktivitäten nachgehen.

2.3. Phasen im Kindergartenalltag

Der Kindergartenalltag ist ein dynamischer Prozess, der von vielen Einflussfaktoren mitbestimmt wird. Dennoch zeichnen sich im Aktivitätsniveau jedes Kindes bestimmte, einander abwechselnde Phasen der Aktivität und Entspannung bzw. der Konzentration und Müdigkeit ab. Bei jedem Kind verlaufen diese Phasen, die häufig vom familiären Lebensrhythmus abhängig sind, unterschiedlich. Die verschiedenen Phasen können auch in der Gesamtgruppe beobachtet werden.

2.3.1. Orientierungsphase

Im Kindergarten ankommen und sich orientieren

In der Orientierungsphase kommen die Kinder im Kindergarten an. Sie verabschieden sich von ihrer Bezugsperson und nehmen Kontakt zur Pädagogin/zum Pädagogen und zu anderen Kindern auf. Wichtig ist, dass sich die Pädagogin/der Pädagoge Zeit für die Begrüßung jedes Kindes nimmt, ein persönliches Gespräch führt und es so bei der Verabschiedung von seinen Eltern begleitet. Manche Kinder sind in dieser Phase sehr anlehnungsbedürftig und brauchen mehr Zuwendung und Aufmerksamkeit. Andere benötigen gezielte Hilfestellung bei der Auswahl eines Spiels oder einer Beschäftigung. Dies gilt auch für Kinder, die im Laufe des Vormittags in den Kindergarten kommen. Die Spielgruppen verändern sich in dieser Phase immer wieder durch neu hinzukommende Kinder und die Aufmerksamkeit der Kinder ist eher fluktuierend.

Kinder, die bereits sehr zeitig in den Kindergarten gebracht werden, haben zu Hause häufig wenig Zeit zu frühstücken. Daher ist es wichtig, in liebevoller Atmosphäre eine Möglichkeit dafür zu bieten.

Überlegte Planung von Sammelgruppen

In vielen Kindergärten ist die Orientierungsphase mit der Sammelgruppe verbunden. Das bedeutet, dass die Kinder häufig nicht in ihrem gewohnten Raum sind und mitunter von einer anderen Bezugsperson als gewöhnlich betreut werden. Diese Situation kann gerade für jüngere Kinder sehr verunsichernd wirken, die am Morgen häufig noch weniger ausgeglichen und emotional fordernd sind. Diensteinteilung und pädagogische Gestaltung dieser Randzeit müssen besonders gut überlegt werden, um für alle Kinder eine Situation zu schaffen, die ihren Bedürfnissen gerecht wird.

2.3.2. Konzentrationsphasen

Sich in Prozesse vertiefen

Diese Zeiten sind durch die intensive Auseinandersetzung der Kinder mit ihrer Umwelt gekennzeichnet. In der Konzentrationsphase vertiefen sich Kinder in Spiel- und Arbeitsprozesse. Sie sind aufnahmebereit und aktiv. Tätigkeiten und Spielpartnerschaften dauern länger an. In dieser Phase kann die Pädagogin/der Pädagoge gezielt Bildungsangebote in unterschiedlichen Sozialformen oder durch eine speziell vorbereitete Umgebung setzen. Es ist darauf zu achten, dass die intensiven Spielprozesse der Kinder im Freispiel nicht abrupt unterbrochen werden. Kinder brauchen zeitliche Freiräume, wo sie die Dauer ihrer Beschäftigung weitgehend selbst bestimmen können und Zeit zum Verweilen und Wiederholen von Abläufen haben (vgl. Hartmann & Stoll, 2004). Von Seiten der pädagogischen Fachkräfte bedarf es daher sehr viel Feingefühls und guter Beobachtungsgabe, um zu erfassen, ob Kinder für ein neues Bildungsangebot offen sind. Beim Absinken der Konzentrationsfähigkeit sind Aktivitäten im Feien oder im Bewegungsraum günstig.

Unterbrechungen vermeiden

Obwohl Konzentrationsphasen individuell verlaufen, werden sie häufig nach der Orientierungsphase und nach Erholungsphasen im Tagesablauf, wie z. B. der Jause oder der Ruhezeit beobachtet. An einem Kindergartentag kann es bis zu drei Konzentrationsphasen geben. Diese variieren allerdings in Abhängigkeit von Alter und Entwicklungsstand der Kinder: Jüngere Kinder werden viel früher während des Vormittags – häufig schon ab 9 Uhr – müde und benötigen v. a. in altersheterogenen Gruppen individuelle Unterstützung. Geeignete Rahmenbedingungen betreffen Rückzugsmöglichkeiten sowie altersgerechte Angebote, die das Bedürfnis der Kinder nach persönlicher Zuwendung befriedigen.

Phasen der Konzentration variieren

2.3.3. Erholungsphasen

Nach Spiel und Beschäftigung mit erhöhter Aufmerksamkeit haben Kinder das Bedürfnis nach Entspannung und Erholung. Manche Kinder suchen sich eine Tätigkeit, die keiner Anstrengung bedarf, andere ziehen sich in den Kuschelbereich zurück oder benötigen Körperkontakt mit vertrauten Bezugspersonen, wiederum andere möchten sich bewegen. Die räumlichen Gegebenheiten und zeitlichen Abläufe sollten diesen Bedürfnissen entgegenkommen. Frühstück bzw. Jause am Nachmittag werden beispielsweise so angesetzt, dass sie in gemütlicher Atmosphäre zur Entspannung der Kinder beitragen. Eine gleitende Gestaltung kommt dem individuellen Bedürfnis der Kinder zu essen entgegen. Zur Befriedigung des Bewegungsdrangs können in den Erholungsphasen der Bewegungsraum bzw. der Garten gruppenübergreifend zur Verfügung stehen.

Bedürfnis nach Ruhe und Entspannung

Die genauen Zeiten der Entspannung können nur durch aufmerksame Beobachtung der Kinder eruiert werden und müssen im Alltag von Tag zu Tag auch flexibel gestaltet werden.

2.3.4. Ausklangsphase

Den Tag ausklingen lassen

In der Ausklangsphase findet der Übergang von den Aktivitäten und sozialen Beziehungen der Kinder im Kindergarten zum familiären Umfeld statt. Spiele werden zu Ende gespielt, begonnene Arbeiten fertig gestellt und das Spielzeug wird eingeräumt.

Prozesse in Ruhe beenden

Pädagoginnen und Pädagogen achten darauf, dass diese Phase nicht von Zeitdruck und Hektik bestimmt ist, sondern dass jedes Kind die Möglichkeit hat, sein Spiel und den Kindergartentag in Ruhe abzuschließen. Ähnlich wie der Orientierungsphase am Morgen ist dieser Phase besondere Beachtung zu schenken. Kinder können keiner intensiven Beschäftigung mehr nachkommen und suchen häufig individuelle Zuwendung.

2.3.5. Übergänge

Übergänge fließend gestalten

Die gut durchdachte Planung von Übergängen vermeidet lange Wartezeiten und unstrukturierte Situationen. Das gelingt, wenn Kinder auf Angebote und Veränderungen rechtzeitig hingewiesen und notwendige organisatorische Maßnahmen vorbereitet werden sowie wenn sie die Gelegenheit erhalten, ihre Spielprozesse in Ruhe und selbstständig zu beenden. Unvorhergesehene Wartezeiten können durch das Repertoire der Pädagoginnen und Pädagogen an Fingerspielen, Liedern, Bewegungsspielen etc. überbrückt werden.

3. DIE LERNTHEORETISCHE DIDAKTIK NACH HEIMANN

Sechs Konstanten für die Planung von Angeboten

Die lerntheoretische Didaktik von Paul Heimann (1965) ist die Grundlage der Planung von Bildungsangeboten im Kindergarten. Heimann postulierte, dass durch Beobachtung des Unterrichts Konstanten ermittelt werden können, die zur Richtschnur der Planung werden. Er formulierte sechs Konstanten, die auch für Bildungsangebote im Kindergarten gültig sind:

- Vier Konstanten müssen von Pädagoginnen und Pädagogen entschieden werden und werden deshalb auch Entscheidungsfelder genannt.
- Diese Entscheidungen sind an bestimmte Voraussetzungen bzw. Determinanten gebunden, die Bedingungsfelder genannt werden.

Entscheidungsfelder

Grundfrage	Konstante
WOZU wird ein Bildungsangebot gesetzt?	Intentionen/Ziele
WAS ist der Inhalt des Bildungsangebotes?	Inhalt/ Thema
WOMIT wird das Angebot veranschaulicht?	Medien/Materialien/Bildungs-mittel
WIE wird die Durchführung aufgebaut?	Methode

Nähere Ausführungen siehe Kapitel 4.2

Bedingungsfelder

Grundfrage	Determinante = Voraussetzung
WEM wird das Bildungsangebot vermittelt?	Anthropologisch-psychologische Determinanten: Entwicklungsstand, Lernbiografie, Interaktionsprozesse, Interessen
WELCHE Einflüsse der kulturellen Umwelt gibt es?	Soziokulturelle Determinanten: Familiäres Milieu, Situation des Kindergartens, gesellschaftliche und kulturelle Faktoren

Nähere Ausführungen siehe Kapitel 4.1

Wechselwirkungen der Konstanten

Die lerntheoretische Didaktik ist insofern auch aus der Perspektive des Transaktionsansatzes von Bedeutung, da Ziele, Inhalte, Methoden und Medien zueinander und mit dem Kind in Wechselwirkung stehen.

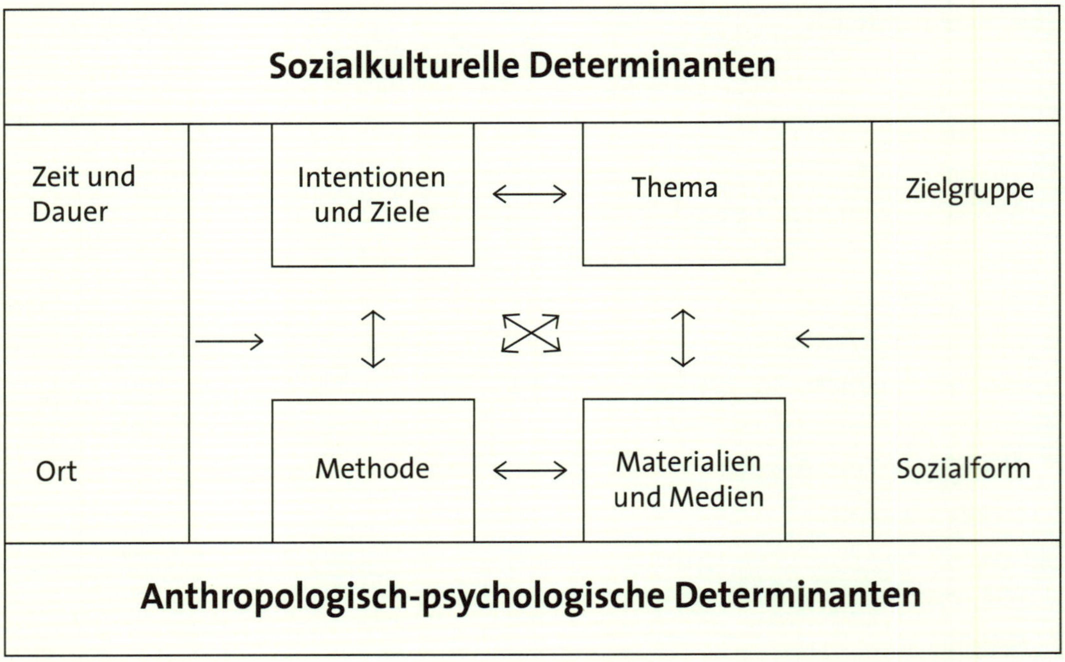

4. PLANUNG VON BILDUNGSANGEBOTEN

Das lerntheoretische Modell von Heimann dient als Grundlage für die Planung konkreter Bildungsangebote.

4.1. Bedingungsfelder der Bildungsprozesse

Zur Erfassung der soziokulturellen Determinanten nach Heimann ist am Kindergartenanfang eine Situationsanalyse durchzuführen. Diese beinhaltet die Erhebung folgender Bedingungsfelder auf der Mikroebene (Soukop, 1995):

Situationsanalyse als Grundlage der pädagogischen Planung

1. Situation der gesamten Einrichtung	
• Standort • Erhalter (Kontaktperson) • Anzahl und Art der Gruppen • Öffnungszeiten • Bring- und Abholformen • Personal • ...	• Teamarbeit • Räumlichkeiten • Finanzielle Mittel für Bildungsmittel • Garten (Beschaffenheit, Größe, Geräte) • Reihenuntersuchungen
2. Gruppenstruktur	
• Anzahl der Kinder • Alter der Kinder • Aufteilung nach Mädchen und Buben • Verschiedene Staatsbürgerschaften • Anzahl der Kinder mit einer anderen Erstsprache als Deutsch • Kinder mit geringen Deutschkenntnissen • Durchschnittliche Dauer der täglichen Kindergartenbesuche • Anzahl der Jahre, die das einzelne Kind bereits im Kindergarten verbracht hat	• Kinder mit besonderen Bedürfnissen und/oder Fähigkeiten • Kinder in sonderpädagogischer und/oder entwicklungspsychologischer Betreuung • Räume, die der Gruppe zur Verfügung stehen • Spiel- und Beschäftigungsbereiche der Gruppe • Zusätzliche Mitarbeiterinnen und Mitarbeiter in der Gruppe
3. Familiäres Milieu	
• Berufstätigkeit der Väter/Mütter • Beschäftigungsausmaß • Lebensformen der Eltern	• Anzahl der Geschwister • Wohnsituation • Interessen/Einsatzmöglichkeit der Eltern
4. Örtliche Gegebenheiten im Umfeld des Kindergartens	
• Schulen, die für den Kindergarten von Bedeutung sind • Kulturelle Einrichtungen, sportliche Möglichkeiten	• Wirtschaftsstruktur (Betriebe, Infrastruktur etc.) • Öffentliche Anbindung

Anthropologische Determinanten erfassen

Die Grundlage zur Erfassung der anthropologischen Determinanten bzw. des Entwicklungstandes der Kinder bildet ein Elterngespräch, das zu Beginn des Jahres geführt und bei Bedarf während des Jahres wiederholt wird (vgl. Kapitel Bildungspartnerschaft mit Eltern). Im Laufe des Kindergartenjahres sollte die individuelle Entwicklung jedes Kindes beobachtet und dokumentiert werden. Dies umfasst Informationen zum Entwicklungsstand, den Interessen, der Lebenssituation und den Vorerfahrungen der Kinder. Weiters werden die Zusammensetzung der Gruppe sowie die Beziehungen der Kinder untereinander beobachtet und in der Dokumentation festgehalten (vgl. Kapitel Beobachtung und Dokumentation).

4.2. Entscheidungsfelder für Bildungsangebote

Entscheidungsfelder dienen der Planung von Bildungsangeboten. Aus transaktionaler Sicht sind dabei möglichst alle transaktionalen Prozesse zu berücksichtigen und Erfahrungen, Wissen und Ideen der Kinder mit einzubeziehen.

4.2.1. Intentionen für die Entwicklung von Kompetenzen

Lernziele und ihre Einflussfaktoren

Um Bildungsprozesse im Kindergarten initiieren zu können, bedarf es der Überlegung von Intentionen bzw. Zielen. Diese beziehen sich auf die Persönlichkeitsentfaltung sowie den Erwerb von Fähigkeiten, Fertigkeiten, Kenntnissen, Haltungen oder Verhaltensweisen. Sie sind abhängig von der pädagogischen Position, also dem Bild vom Kind und dem Bildungsverständnis, und somit auch von gesellschaftlichen Normen und Werten (Schröder, 2001). Die Auswahl von Zielen muss den jeweiligen Entwicklungsstand der Kinder berücksichtigen.

Unterscheidung von Richt-, Grob- und Feinzielen

In der Literatur wird eine Lernzielhierarchie beschrieben, die von einer Unterteilung in Richt-, Grob- und Feinziele ausgeht (Schwendenwein, 2000). Zielsetzungen können sehr eindeutig und klar oder aber mehrdeutig und komplex sein. Die Operationalisierung von Richtzielen mit großem Inhaltsumfang gelingt nur durch die inhaltliche Präzisierung und Konkretisierung mit Hilfe von Grob- und Feinzielen. Dadurch kann der Ablauf eines Bildungsprozesses entsprechend gestaltet werden und die Überprüfung, ob ein Ziel erreicht wurde, ist möglich.

Matrizenähnliche Darstellungen und Strukturbäume helfen, die Komplexität der Lernzielhierarchie durchschaubar zu machen und eignen sich auch zur Illustration von pädagogischen Jahresschwerpunkten. Im Folgenden wird die Hierarchie von Richt-, Grob- und Feinzielen verdeutlicht:

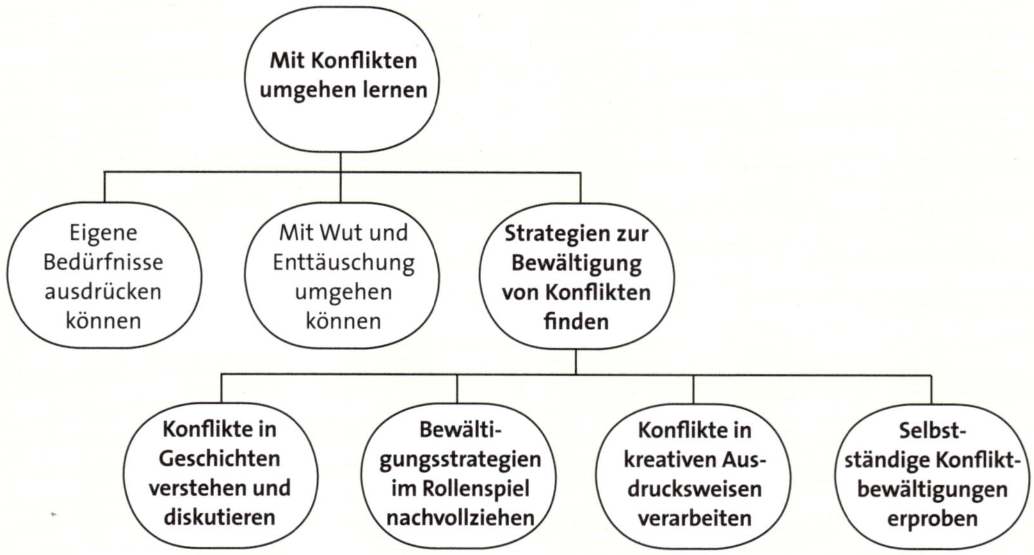

In der aktuellen Kindergartenpädagogik steht die Entwicklung von Selbst-, Sozial- und Sachkompetenz sowie lernmethodischer Kompetenz als Leitidee im Vordergrund. Die nachfolgende Auflistung von möglichen Richt- und Grobzielen, die den einzelnen Kompetenzbereichen zugeordnet werden können, hat keinen Anspruch auf Vollständigkeit, sondern soll beim Konkretisieren von Feinzielen unterstützen (Brunner-Müller, Lacher-Roth, Schöni Lanker & Sörensen Criblez, 2000, S. 13ff):

Ziele den Kompetenzbereichen zuordnen

A) Entwicklung von Selbstkompetenz

Selbstkompetenz meint, für sich selbst Verantwortung zu übernehmen sowie Selbstbewusstsein, Individualität und Identität zu entwickeln.

Bewegungsmöglichkeiten weiterentwickeln:

- mit vielfältigen Bewegungsmöglichkeiten spielen und experimentieren
- Geschicklichkeit, Koordination, Reaktionsschnelligkeit, Körperkontrolle und Gefühl für den Einsatz der körperlichen Kraft weiterentwickeln und verfeinern
- mit Hilfe vielfältiger Materialien, Geräte und Werkzeuge grob-, fein- und grafomotorische Fertigkeiten aufbauen und Geschicklichkeit entwickeln
- sprechmotorische Fähigkeiten weiterentwickeln und verfeinern

Bewegungsmöglichkeiten weiterentwickeln

Wahrnehmungsfähigkeit differenzieren:

- alle Sinne in möglichst vielfältiger Art und in verschiedenen Bereichen einsetzen, sie dadurch schulen und differenzieren

Wahrnehmung differenzieren

- den eigenen Körper differenziert wahrnehmen; Körperschema, positives Körperbild, Körperbewusstsein und einen natürlichen Umgang mit dem eigenen Körper entwickeln
- eigene Gefühle und Stimmungen wahrnehmen und verbalisieren
- Wahrnehmung als Mittel zur Begriffsbildung erkennen und nutzen
- Wahrnehmungen verbalisieren und vergleichen
- Raumvorstellung entwickeln

Ausdrucksfähigkeit entwickeln

Ausdrucksfähigkeit weiterentwickeln:

- den eigenen Körper als Ausdrucksmittel differenziert und fantasievoll einsetzen
- sprachliche Ausdrucksfähigkeit weiterentwickeln
- Musik als Mittel des Ausdruckes erleben
- Ausdrucksfähigkeit im technischen, bildnerischen und textilen Gestalten entwickeln

Selbstständigkeit und Selbstvertrauen entwickeln

Selbstständiges Handeln und Selbstvertrauen weiterentwickeln:

- Initiative ergreifen, Neues ausprobieren und wagen
- über den eigenen Körper selbstbewusst bestimmen
- sich vor Übergriffen auf die eigene Person schützen
- Alltagstätigkeiten mit zunehmender Selbstständigkeit ausführen
- sich am eigenen Können freuen

Entscheidungsfähigkeit entwickeln

Entscheidungsfähigkeit weiterentwickeln:

- eigene Bedürfnisse wahrnehmen und entsprechende Entscheidungen treffen
- sich selbst als Individuum mit eigener Meinung wahrnehmen
- bei einer Entscheidung bleiben, deren Konsequenzen erleben und tragen
- gemeinsame und individuelle Entscheidungen im Kindergartenalltag treffen
- bei Entscheidungen Regeln des Zusammenlebens berücksichtigen

Mit Erfolg und Misserfolg umgehen

Mit Erfolg und Misserfolg umgehen:

- sich an Erfolgserlebnissen freuen
- Fehler als Teil des Lernens verstehen
- die unmittelbare Bedürfnisbefriedigung aufschieben
- Enttäuschungen in Arbeits- oder Spielabläufen überwinden

Ausdauer und Konzentrationsfähigkeit erweitern:

Ausdauer und Konzentrationsfähigkeit erweitern

- sich über eine längere Zeitdauer in eine Aktivität vertiefen
- eine Arbeit oder ein Spiel über mehrere Zeitsequenzen weiterführen und die Aktivität mit Aufmerksamkeit beenden
- Momente der Stille erleben
- Ablenkungen wahrnehmen und auf Störungen reagieren

B) Entwicklung von Sozialkompetenz

Sozialkompetenz meint die Fähigkeit, mit anderen in Beziehung zu treten sowie in der Gemeinschaft Verantwortung zu übernehmen und entsprechend zu handeln.

Einfühlungsvermögen und Rücksichtnahme weiterentwickeln; respektvoller Umgang mit anderen:

Empathie und Rücksichtnahme entwickeln

- an Freud und Leid anderer Menschen Anteil nehmen
- andere Meinungen anhören und respektieren; Achtung vor anderen entwickeln
- sich zunehmend in die Lage des Gegenübers versetzen
- körperliche und psychische Grenzen respektieren

Liebes- und Bindungsfähigkeit entwickeln; Beziehungen eingehen, Gemeinschaft erleben, Verantwortung übernehmen:

Beziehungen eingehen können

- sich als Teil einer Gruppe erleben, gemeinsame Entscheidungen treffen, Mitverantwortung für die Gruppe entwickeln
- Zusammengehörigkeitsgefühl und Teamfähigkeit entwickeln
- integrative Fähigkeiten entwickeln: Schutz und Hilfe in der Gemeinschaft erfahren und selbst anbieten
- Demokratiebewusstsein aufbauen: notwendige Regeln des Zusammenlebens anerkennen und einhalten

Kommunikationsfähigkeit differenzieren:

Kommunikationsfähigkeit differenzieren

- mit verbalen und nonverbalen Kommunikationsformen experimentieren
- eigene Anliegen, Gefühle und Ansichten zum Ausdruck bringen
- anderen zuhören
- beim Erzählen auf den Wissensstand des Gegenübers eingehen
- mit anderssprachigen Menschen kommunizieren
- einfache Gesprächsregeln einhalten

Mit Konflikten umgehen – Konfliktkultur:

Konfliktkultur entwickeln

- eigene Interessen und Meinungen ausdrücken, andere Interessen und Meinungen anhören und berücksichtigen
- Ansprüche und Bedürfnisse aufschieben und durchsetzen
- mit Wut und Enttäuschung umgehen
- Bedrohungen erkennen und sich dagegen wehren
- angemessene Möglichkeiten der Konfliktbewältigungen überlegen

Werthaltungen erfahren und aufbauen:

Werthaltungen erfahren und aufbauen

- Werte für das Zusammenleben kennen und berücksichtigen
- verschiedene Werte und Werthaltungen respektieren
- die eigene Meinung äußern
- existenzielle Erfahrungen thematisieren

Toleranz und Verständnis für die Verschiedenartigkeit von Menschen entwickeln:

Toleranz entwickeln

- Gemeinsamkeiten und Unterschiede verschiedener Lebensweisen erfahren und besprechen
- Interesse und Verständnis für unterschiedliche Lebensweisen entwickeln
- die Einzigartigkeit von Individuen erfahren
- Gemeinsamkeiten und Verschiedenheiten der Geschlechter erleben und thematisieren
- partnerschaftliches Rollenverständnis entwickeln

C) Entwicklung von Sachkompetenz

Sachkompetenz meint, sachbezogen urteilen und entsprechend handeln zu können sowie Wissen und Fertigkeiten zu erwerben.

Mit Materialien experimentieren und gestalten:

Mit Materialien experimentieren

- durch Spielen und Experimentieren Materialeigenschaften erfahren
- Materialien vielseitig bearbeiten und verarbeiten
- Materialien kennen lernen, benennen, ordnen und vergleichen

Werkzeuge, Geräte und Musikinstrumente kennen lernen und sachgerecht einsetzen:

Sachrichtiger Einsatz von Geräten

- mit Werkzeug, Geräten und Musikinstrumenten Wirkung erzielen, diese wahrnehmen und verbalisieren

- Regeln der Handhabung kennen lernen und einsetzen
- grob-, fein- und grafomotorische Fertigkeiten weiterentwickeln

Kulturelle Erfahrungen erweitern und verarbeiten:

Kulturelle Verschiedenartigkeit erfahren

- eigene und andere Traditionen und Bräuche erleben
- die nähere Umgebung kennen lernen und sich darin orientieren
- sich im Straßenverkehr orientieren und richtig verhalten
- unterschiedliche Berufe kennen lernen
- Erfahrungen mit Medien erweitern

Naturvorgänge wahrnehmen und thematisieren:

Naturvorgänge erleben

- jahreszeitliche Veränderungen sowie Entwicklung von Lebewesen differenziert wahrnehmen und beschreiben
- Tiere und Pflanzen in ihren Lebensräumen beobachten und Zusammenhänge erkennen
- die Bedürfnisse von Tieren und Pflanzen wahrnehmen
- Verantwortung für einzelne Tiere oder Pflanzen übernehmen

Begriffe aufbauen und differenzieren:

Begriffe aufbauen und differenzieren

- Lebewesen, Gegenstände, Sachverhalte und Abläufe aus dem eigenen Lebensbereich korrekt benennen und anschaulich beschreiben
- mit Gegenständen handelnd Begriffe „be-greifen“
- Begriffe unterscheiden, zuordnen und richtig anwenden
- Informationen aus Symbolen entnehmen

Regeln der Umgangssprache erleben und anwenden:

Umgangssprache erleben

- mit Lauten und Worten experimentieren und spielen
- Laute und Lautverbindungen korrekt artikulieren
- den Rhythmus der Sprache in Versen erleben
- sich beim Verständigen an einfache Regeln halten

Probleme erkennen und Lösungsmöglichkeiten suchen:

Problemlösestrategien finden

- Neugier, Entdeckungsfreude und Lust am Fragen weiterentwickeln
- Kreativität und Fantasie weiterentwickeln
- eigene Vorhaben (langfristig) planen, beschreiben und realisieren
- Zusammenhänge zwischen gleichartigen Problemen erkennen

Beziehungen und Gesetzmäßigkeiten erkennen und darstellen:

Gesetzmäßigkeiten erkennen

- einfache Abfolgen in gestalterischen Motiven, Musikstücken, Versen, Tänzen wahrnehmen und umsetzen
- mathematische Beziehungen erfahren und Gesetzmäßigkeiten erkennen
- Zeitabschnitte wahrnehmen und Zeitgefühl entwickeln
- physikalische und chemische Gesetzmäßigkeiten handelnd wahrnehmen und beschreiben, technische Grundkenntnisse aufbauen

D) Entwicklung von lernmethodischer Kompetenz

In der aktuellen Kindergartenpädagogik wird lernmethodischen Kompetenzen besondere Bedeutung beigemessen. Selbst-, Sozial- und Sachkompetenzen fließen in die lernmethodischen Kompetenzen mit ein. Diese beziehen sich auf ein Grundverständnis davon, dass man lernt, was man lernt und wie man lernt sowie die Fähigkeit, sich selbst Wissen und Können anzueignen und Wichtiges von Unwichtigem zu unterscheiden (Senatsverwaltung für Bildung, Jugend und Sport, 2004).

Motivation und Lernfreude entwickeln:

Motivation und Lernfreude entwickeln

- Lust am Lernen empfinden
- erkennen, dass neu Gelerntes die eigenen Handlungs- und Entscheidungsmöglichkeiten erweitert
- erkennen, dass Anstrengung zum Erfolg führen kann
- Geduld für Wiederholen und Üben aufbringen

Merk- und Wiedergabefähigkeit weiterentwickeln:

Merk- und Wiedergabefähigkeit entwickeln

- Informationen aufnehmen und sich einprägen
- Erlebnisse, Erfahrungen und Inhalte treffend beschreiben
- Gedächtnisinhalte festigen
- Merk- und Gedächtnisstrategien entwickeln

Unterschiedliche Lernstrategien kennen lernen und ausprobieren:

Lernstrategien kennen lernen

- vielfältige Möglichkeiten kennen, sich gezielt Wissen und Informationen zu verschaffen (Expertinnen und Experten, Medien, Bibliotheken etc.)
- Ursachen für gute Lernergebnisse bzw. nicht Gelungenes erkennen, Fehlerquellen ausfindig machen
- Erfahrungen und Vorstellungen ordnen und systematisieren, Beziehungen und Zusammenhänge erkennen und herstellen

- Erfahrungen und Erkenntnisse aus einem Handlungsbereich in einen anderen übertragen
- erkennen, dass es verschiedene Lösungswege gibt
- Zeitverständnis für die Lösung von Aufgaben entwickeln
- eigenen Zeitbedarf einschätzen und sich die Zeit einteilen

In Kooperation mit anderen lernen:

Mit anderen kooperieren

- bereit sein, von anderen zu lernen und Wissen an andere weiterzugeben
- im Austausch unterschiedlicher Erkenntnisse und Meinungen zu Lösungen kommen
- ein Grundverständnis dafür entwickeln, dass die eigenen Wahrnehmungen und Ansichten nicht immer richtig sein müssen, dass es sich lohnt, mit anderen darüber zu diskutieren
- kooperieren und arbeitsteilig an einer gemeinsamen Sache arbeiten

4.2.2. Bildungsinhalte

Auswahl von Bildungsinhalten

Ein Bildungsinhalt ist ein Lerngegenstand, der einen didaktisch erschließbaren Bildungsgehalt aufweist. Bei der fachkompetenten Auswahl von Bildungsinhalten steht die Frage nach der Gegenwarts- und Zukunftsbedeutung sowie der exemplarischen Bedeutsamkeit des Inhaltes im Zentrum (Schröder, 2001). Das angestrebte Lernziel ist richtungweisend für die Auswahl des Bildungsinhaltes. Die Leitfrage lautet: Was und welcher Themenbereich wird angeboten, um ein bestimmtes Lernziel zu erreichen? Lernziele und -inhalte richten sich nach der Lebenssituation und den Vorerfahrungen der Kinder (Finkenzeller, Kuhn-Schmelz & Wehfritz, 2004). Sie müssen Bedeutung für die Kinder haben und ihren Interessen entsprechen.

Zuordnung von Bildungsinhalten

Bildungsinhalte können Entwicklungsbereichen wie Motorik, Sprache, Sexualität, logisches Denken, sozial-emotionale Entwicklung oder Bildungsbereichen, wie Kreativität, Musikalität, Religiosität, Ethik, Naturwissenschaften, Gesundheit etc. zugeordnet werden.

In der nachfolgenden Tabelle sind ohne Anspruch auf Vollständigkeit mögliche Bildungsangebote zur Umsetzung von Bildungsinhalten für den Kindergarten dargestellt:

Exemplarische Bildungsangebote

Kreativität	Wahrnehmung und Bewegung	Sprache
Werken	Bewegungsspiel	Vorlesen/Erzählen
grafische Techniken	Sinnesdifferenzierung	Fingerspiel
Falten	Rhythmik	Lyrik
textiles Gestalten	Fantasiereise	Bilderbuchbetrachtung
Theater	Bewegungsbaustelle	Philosophieren
dreidimens. Gestalten	Entspannungsübung	Dramatisieren

Musikalität	Denken	Umweltbewältigung
Singen	Gesellschaftsspiel	Rollenspiel
Instrumentieren	Rätsel	Sachgespräch
Tanzen	didaktisches Spiel	Exkursionen
Kreis- und Singspiel	Experimentieren	häusliche Tätigkeiten

Bei der der Auswahl von Bildungsinhalten müssen neben den Vorerfahrungen der Kinder auch ihre individuellen Fähigkeiten und Fertigkeiten berücksichtigt werden. Im Sinne einer Passung werden dadurch Unter- und Überforderung vermieden. Je heterogener eine Gruppe zusammengesetzt ist, umso differenzierter nach Alter und Entwicklungsstand müssen Bildungsangebote geplant werden.

4.2.3. Materialien und Medien

Materialien und Medien machen Lernprozesse „be-greifbar“

Medien sind Kommunikationsmittel, mit deren Hilfe Informationen weitergegeben werden. Medien und Materialien, die bei einem Bildungsangebot präsentiert werden, wecken das Interesse der Kinder und unterstützen die Wahrnehmung mit allen Sinnen. Sie haben Vermittlungsfunktion, verdeutlichen und intensivieren den Lernprozess und machen den Bildungsinhalt anschaulich und „be-greifbar“. Medien werden bewusst ausgewählt und didaktisch eingeplant. Sie sollen den Fähigkeiten der Kinder entsprechen, d. h. einen Sachverhalt kindgemäß erschließen (Ellermann, 2004). Die Entscheidung, bestimmte Medien oder/und Materialien einzusetzen, hat bedeutsame Auswirkung auf den Verlauf des Lernprozesses und den didaktischen Aufbau.

4.2.4. Methodisch-didaktische Überlegungen

Methodisch-didaktische Vorgangsweisen werden in der Kindergartenpädagogik bewusst geplant und eingesetzt. Bildungsangebote sind aufgrund methodisch-

didaktischer Überlegungen systematisch aufgebaut und werden in den Tagesablauf im Kindergarten integriert. Dabei ist auf einen Spannungsbogen, der auf einen Höhepunkt abzielt, sowie auf einen „roten Faden" zu achten.
Nachfolgende Überlegungen bzw. Leitfragen helfen bei der Planung:

Systematische Vorgangsweise überlegen

A) Organisation des Bildungsangebots

Sozialform

Je nach Inhalt sowie nach Alter und Entwicklungsstand der Kinder ist die passende Sozialform auszuwählen. Dabei werden frühkindliche Lernformen und didaktische Prinzipien berücksichtigt. Auch die Zusammensetzung der Gruppe wird sich je nach Art des Bildungsangebotes anders gestalten.

Auswahl der Sozialform

- Welche Sozialform eignet sich für das Alter und den Entwicklungsstand der Kinder?
- Mit wie vielen Kindern kann der Lernprozess bestmöglich gestaltet werden?
- Ermöglicht die Anzahl der Kinder die frühkindlichen Lernformen?

Zielgruppe

Um Unter- bzw. Überforderung der Kinder zu vermeiden, müssen Bildungsinhalte dem Alter und Entwicklungsstand sowie den Interessen der Kinder entsprechen. Damit Lernprozesse bestmöglich ablaufen, sollte die Zusammensetzung der Zielgruppe möglichst passend sein.

Auswahl der Zielgruppe

- Welche Altersstufe eignet sich für den Bildungsinhalt?
- Wird der individuelle Entwicklungsstand der Kinder berücksichtigt?
- Interessieren sich die Kinder für den Inhalt?
- Werden Buben und Mädchen gleichberechtigt angesprochen?

Ort

Räumliche Gegebenheiten mit ausreichend Platz für die Umsetzung eines Bildungsangebotes ermöglichen die Selbsttätigkeit der Kinder. Es ist darauf zu achten, dass keine Ablenkung durch die Umwelt – z. B. durch Spielmaterialien – oder andere spielende Kinder stattfindet.

Auswahl des Ortes

- Welcher Ort eignet sich am besten für ein Bildungsangebot?
- Sind bestimmte Voraussetzungen nötig, z. B. Steckdosen?
- Gibt es einen bestimmten Bereich für das Angebot?
- Welche Sitzordnung ist geeignet?
- Sind Sicherheitsvorkehrungen nötig?

Zeit und Dauer

Zeitliche Planung

Der Erfolg von Bildungsangeboten hängt von Aufnahmebereitschaft, Konzentration, Motivation und Interesse der Kinder ab. Daher wird ein Bildungsinhalt dann angeboten, wenn Kinder die nötige Konzentration aufbringen können. Bei der Auswahl des Zeitpunktes ist darauf zu achten, dass Kinder eventuell Bewegung als Voraussetzung dafür brauchen. In Abhängigkeit von Alter und Interesse der Kinder, Inhalt des Angebotes, Sozialform und Möglichkeit zur Selbsttätigkeit kann ein Angebot zwischen 15 und 45 Minuten dauern.

- Zu welcher Zeit sind die Kinder aufnahmefähig?
- Wird auf laufende Spielprozesse Rücksicht genommen?
- Haben die Kinder ausreichend Bewegung gehabt?
- Wie lange wird das Angebot vermutlich dauern?
- Kann ein Angebot auf mehrere Sequenzen aufgeteilt werden?

B) Durchführung des Bildungsangebots

Voraussetzungen

Voraussetzungen beachten

Damit ein Bildungsangebot gelingen kann, müssen im Vorfeld alle notwendigen Materialien organisiert werden. Ist ein bestimmter Ort dafür vorgesehen, müssen spielende Kinder entsprechend frühzeitig darauf aufmerksam gemacht werden.

- Welche Materialien müssen vor Beginn eines Angebots organisiert werden?
- Sind diese ausreichend vorhanden?
- Müssen spielende Kinder darauf aufmerksam gemacht werden, dass ein bestimmter Platz benötigt wird?
- Muss der Platz vorbereitet werden?

Motivation

Motivation kreativ gestalten

Mit der Art und Weise der Motivation werden Kinder auf ein Bildungsangebot aufmerksam gemacht. Diese sollte, wenn möglich, im Zusammenhang mit dem Bildungsinhalt stehen und kann z. B. durch den Einsatz von Anschauungsmaterialien erfolgen. Akustische oder optische Signale, wie z. B. eine Melodie auf der Flöte oder ein Lichtsignal eignen sich dazu, auf fixe Angebote im Tagesablauf aufmerksam zu machen. Bei bestimmten Angeboten, wie z. B. Werken oder Kochen, werden die Kinder bereits durch das Herrichten des Arbeitsplatzes motiviert. Bei der Auswahl einer bestimmten Zielgruppe ist der Einsatz von Teilnahmekärtchen hilfreich.

- Wie können die Kinder auf das Angebot aufmerksam gemacht werden?
- Wie wird das Interesse einer bestimmten Zielgruppe geweckt?

- Steht die Motivation bereits in Zusammenhang mit dem Inhalt?
- Welche kreativen Möglichkeiten bieten sich zur Motivation an?

Übergang

Überlegungen zum Übergang vom Freispiel zu einem Bildungsangebot sind bei den Sozialformen Teil- und Gesamtgruppe sowie beim Wechsel der Räumlichkeiten wesentlich. Es ist darauf zu achten, dass der Übergang gleitend gestaltet wird und keine langen Wartezeiten oder Leerläufe entstehen.

Übergänge fließend planen

- Wie kann der Übergang fließend geplant werden?
- Sind organisatorische Vorbereitungen für nachfolgende Aktivitäten notwendig, wie z. B. Hände waschen?
- Wird dafür eine Kollegin/ein Kollege gebraucht?

Einstimmung

Bei der Einstimmung wird die Neugierde der Kinder geweckt, z. B. durch anregende, ästhetisch präsentierte Materialien und Medien. Der gefühlsmäßige Bezug wird durch die Wahrnehmung des Materials mit allen Sinnen hergestellt. Möglich ist auch die Eröffnung durch bereits Gelerntes, z. B. ein Lied. Ziel der Einstimmung ist, dass die Kinder den Sinn und das Ziel der geplanten Aktivität erfahren.

Einstimmung vorbereiten

Dabei sollten sie nach Möglichkeit die Gelegenheit erhalten, eigene Erfahrungen einzubringen. So bekommt die Pädagogin/der Pädagoge Einblick in das Wissen der einzelnen Kinder.

- Womit können die Kinder auf den Inhalt eingestimmt werden?
- Welches Material ist dafür geeignet?
- Wann können die Kinder ihre Erfahrungen erzählen?

Hauptteil

Der Hauptteil ist der zentrale Teil des Bildungsangebotes, bei dem das Erlernen neuer Inhalte im Vordergrund steht. Dabei ist die selbsttätige Auseinandersetzung der Kinder mit diesen Inhalten wichtig. Die einzelnen Lernschritte müssen kindgemäß und ganzheitlich aufgebaut werden. Der gesamte Ablauf folgt einem Spannungsbogen, der auf einen Höhepunkt abzielt. Weiters sind motivationserhaltende Interventionen zu überlegen, damit die Kinder beim Durchhalten während des gesamten Ablaufs unterstützt werden. Mögliche Hilfestellungen während des Angebots sind ebenso zu überdenken.

Lernschritte kindgemäß aufbauen

- Sind die Lernteilschritte aufbauend geplant?
- Haben Kinder Zeit zum Explorieren?

- Steht die Aktivität der Kinder im Vordergrund?
- Wie und wann werden welche Materialien und Medien eingesetzt?
- Kann jedes Kind seine Ideen einbringen?
- Welche Interventionen helfen, die Motivation der Kinder aufrecht zu erhalten?
- Fließt bereits Gelerntes ein?
- Welche Hilfestellungen sind vorgesehen?
- Wie ist der Höhepunkt gestaltet?

Ausklang

Der Ausklang ermöglicht den Kindern u. a., die neuen Kenntnisse zu vertiefen und Erfolgserlebnisse zu haben. Nach intensiver Konzentration steht die Entspannung im Vordergrund.

Gestaltung des Ausklangs

Der Ausklang ist der Abschluss des Bildungsprozesses und kann in Abhängigkeit vom Inhalt unterschiedlich gestaltet werden. Er ermöglicht den Kindern, die neuen Kenntnisse zu vertiefen und Erfolg zu erleben. Nach Phasen der Konzentration und/ oder intensiven Bewegung ist es zumeist günstig, eine Phase der Entspannung und Ruhe zu gestalten. Bestimmte Angebote, wie z. B. Werken, klingen nach Fertigstellung des Werkstücks individuell aus. Am Ende des Bildungsangebotes wird der Arbeitsplatz mit oder von den Kindern aufgeräumt.

- Kann Erlerntes, z. B. ein neues Lied, wiederholt werden?
- Benötigen die Kinder nach einer Phase der Konzentration Möglichkeiten der Entspannung, Ruhe oder Bewegung?
- Kann das bereits verwendete Material dazu eingesetzt werden?
- Ist es notwendig, die Hände zu waschen?
- Wird der Arbeitsplatz gemeinsam mit den Kindern aufgeräumt?

Übergang

Fließende Übergänge planen

Der Übergang ins weitere Gruppengeschehen und in die Freispielphase soll gleitend und ohne lange Wartezeiten geplant werden. Einzelauflösungen erweisen sich als besonders günstig, da jedes Kind bei der Suche nach einer neuen Spielmöglichkeit unterstützt werden kann und die übrige Gruppe nicht so sehr gestört wird. Damit der gleitende Übergang gewährleistet ist, sind manchmal Absprachen mit Kolleginnen und Kollegen nötig, wie z. B. beim Wechsel der Räume.

- Wie werden die Kinder ins Gruppengeschehen begleitet?
- Werden Kolleginnen und Kollegen für den gleitenden Übergang benötigt?
- Ist eine Einzelauflösung geplant?

C) Nachhaltigkeit des Bildungsangebots

Wiederholung

Nachhaltiges Lernen findet nur dann statt, wenn ein neuer Inhalt wiederholt wird, Teilaspekte in andere Angebote einfließen oder ein Transfer des Erlernten auf andere Situationen erfolgt. Dadurch wird Neues gefestigt und internalisiert. Um in der Folge Bildungsprozesse in der Freispielphase zu initiieren, sollten Materialien bzw. Wandplakate im Gruppenraum zur Verfügung stehen.

- Wann sind Wiederholungen des Inhalts vorgesehen, damit der Lernprozess nachhaltig wirken kann?
- Ist ein Transfer auf andere Bildungsinhalte geplant?
- Fließen Teilaspekte des Angebots in andere Angebote ein?
- Werden Anschauungsmaterialien für nachfolgende Bildungsprozesse im Gruppenraum zur Verfügung gestellt?

Nachhaltigkeit durch Wiederholungen

5. DIE PLANUNGSSPIRALE

Der zirkuläre Prozess der Bildungsarbeit entsteht aus dem Ineinandergreifen von Planung, Anwendung, Beobachtung, Dokumentation und Reflexion.
Dieser dynamische Prozess kann als Spirale angesehen werden, die sich fortlaufend weiterentwickelt.

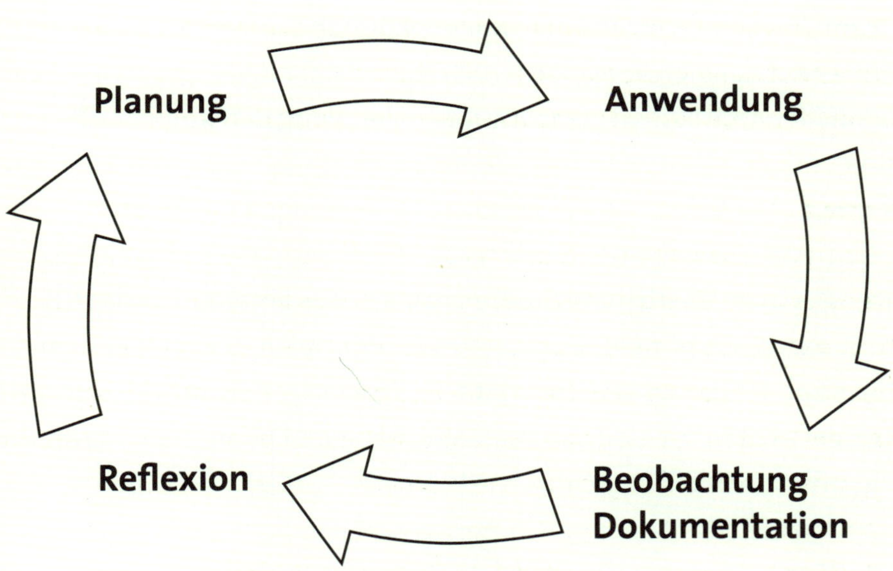

Dynamischer Prozess der Planung

Förderung der Entwicklungsbereiche

Ziel der Überlegungen ist die bestmögliche Gestaltung von Lernsituationen, um die kognitive, sozial-emotionale und motorische Entwicklung der Kinder zu fördern und zu unterstützen. Dafür benötigen Pädagoginnen und Pädagogen didaktisch-methodische Kompetenz.

5.1. Die Planung von Bildungsprozessen

Die Planung von Bildungsprozessen wird für unterschiedlich lange Zeiträume überlegt. Gute Planung ist Bestandteil einer hohen pädagogischen Qualität. Sie spiegelt sich auf der Mikroebene, also im dynamischen Geschehen des Kindergartenalltags wider. In die Planung investierte Zeit ist die Voraussetzung für qualitätsvolle Bildungsprozesse.

5.1.1. Jahresplanung

Die Jahresplanung bezieht sich auf ein Kindergartenjahr, erfolgt im Team und beinhaltet organisatorische und pädagogische Aspekte. Bevor die Jahresplanung durchgeführt wird, sollte eine Reflexion und Ist-Standerhebung der bisherigen Bildungsarbeit vorgenommen werden. Die Jahresplanung bezieht sich auf Pädagogik, Bildungspartnerschaft, Teamarbeit und Öffentlichkeitsarbeit und ist die Basis für alle weiteren Planungen, die für bestimmte Zeitabschnitte durchgeführt werden. Natürlich sind bei Bedarf auch während des Jahres Änderungen möglich.

Organisatorische Jahresplanung

A) Organisatorische Überlegungen können Folgendes betreffen: Diensteinteilung im Team, Fortbildungen, Formen und Kontinuität der Teamarbeit, Zuständigkeiten einzelner Kolleginnen und Kollegen, Gestaltung der Bildungspartnerschaft, Termine, Budgetplanung, Alltagsstruktur, Gruppeneinteilung und gruppenübergreifende Zusammenarbeit, Raumgestaltung, Zeitpläne für gruppenübergreifende Räume oder Bereiche, Kooperation mit Volksschulen, Vernetzungen mit Beratungsstellen etc.

Pädagogische Jahresplanung

B) Pädagogische Überlegungen können Folgendes betreffen: Pädagogisches Konzept, pädagogische Orientierung, Visionen, Prinzipien, gruppenübergreifende oder gruppenspezifische Jahresschwerpunkte, Regeln, Gestaltung der Freispielphasen, Alltagsgestaltung, Einbindung der Eltern, Feste und Feiern, Gartengestaltung, Bring- und Abholservice etc.

5.1.2. Planungszeit(räume) für Schwerpunkte

In die Planung für einen bestimmen Zeitraum fließen die Überlegungen der Jahresplanung ein. Der Zeitraum für einen Planungsabschnitt ist abhängig von Thema, Inhalten und Interessen der Kinder und kann sich auf eine kurz-, mittel- oder langfristige Zeitspanne beziehen (von wenigen Wochen bis hin zu einigen Monaten).

Zeit(räume) für Themenschwerpunkte

Im Sinne der Planungsspirale basiert die Planung immer auf vorangegangenen Beobachtungen und Reflexionen. Traditionelle Feste stellen wichtige Fixpunkte in der Planung dar und sind Teil der Enkulturation, also des Hineinwachsens des Kindes in die Kultur der es umgebenden Gesellschaft. Allerdings sollten Pädagoginnen und Pädagogen bewusst abwägen, wie viel Zeit für die Festgestaltung investiert wird, denn es muss auch Zeit für innovative Themen, wie physikalische Experimente, Kinderkonferenz etc., zur Verfügung stehen. Daher sollten auch jahreszeitliche Themen nicht jedes Jahr ausführlich behandelt werden.

Zeit für nicht sichtbare Kompetenzentwicklung geben

Bei der Auswahl von Bildungsinhalten werden alle Entwicklungs- sowie unterschiedliche Bildungsbereiche, wie Mathematik, Naturwissenschaften, Darstellen und Gestalten etc., beachtet. Nicht sichtbare Lernprozesse zur Kompetenzentwicklung, wie z. B. die Entwicklung einer konstruktiven Konfliktkultur, haben einen hohen Stellenwert und benötigen zeitliche Ressourcen. Da Eltern den Kindergarten jedoch häufig an Produkten messen und Gruppen darin vergleichen, muss der Bildungswert dieser Prozesse transparent gemacht werden.

Auswahl von Themenschwerpunkten

Durch gezielte Beobachtung und aufmerksames Zuhören kann die Pädagogin/der Pädagoge erfahren, welche Themen für die Kinder von Bedeutung sind. Anlässe des thematischen Schwerpunkts können sein:

- Bedürfnisse der Kinder, z. B. Freundschaften schließen
- Interessen der Kinder, z. B. physikalische Phänomene
- Impulse von den Eltern, z. B. Schwangerschaft einer Mutter
- Ereignisse in der Umwelt, z. B. Baustelle vor dem Kindergarten
- Initiative der Pädagogin/des Pädagogen, z. B. Esskultur

5.1.3. Planungsdokumentation

Planungsformulare verwenden

Für die Dokumentation der Planungsüberlegungen können entweder vorgegebene Planungsformulare benutzt werden oder einrichtungsspezifische bzw. individuelle Formen der Dokumentation entwickelt werden. Das Formular sollte jedenfalls Ergänzungsmöglichkeiten vorsehen, da im transaktionalen Austausch mit den Kindern neue Planungsimpulse entstehen können. Wenn das Interesse der Kinder vorzeitig nachlässt, kann ein neues Thema überlegt werden.

Je nach Anforderungen des Trägers können Planungsaufzeichnungen eher großzügig oder detailliert sein. Die Planungsdokumentation dient in erster Linie als Leit-

Planungsüberlegungen dokumentieren

faden für die eigene Arbeit und muss für eine Vertretung bzw. für Kolleginnen und Kollegen einsehbar aufbewahrt werden. Gleichzeitig ist dadurch auch der professionelle Nachweis der eigenen Arbeit gegenüber der Leitung, der Fachberatung oder dem Kindergarteninspektorat möglich.

5.2. Projekt

Ursprung des Begriffs „Projekt“

Der Begriff „Projekt“ wurde erstmals am Anfang des 18. Jahrhunderts in Frankreich im Rahmen des Architekturstudiums verwendet. Studierende sollten selbstständig originelle Baupläne entwickeln. Der Begriff wurde später für das Lernen durch Tun, basierend auf demokratischen Prinzipien, übernommen. Heute werden Projekte unter anderem auch im Kindergarten durchgeführt (Stamer-Brandt, 2005).

Prozesse stehen im Vordergrund

Eigenverantwortung und Partizipation der Kinder

In einem Projekt setzen sich alle beteiligten Personen, wie Pädagoginnen und Pädagogen, Helferinnen und Helfer, Kinder und Eltern über einen längeren Zeitraum hinweg mit einer Thematik intensiv auseinander. Die handelnden Personen sind gleichberechtigt beteiligt. In einem Projekt steht nicht das Erreichen eines Endprodukts im Vordergrund, sondern der Prozess der Auseinandersetzung. Leben, Lernen und Arbeiten sollen durch selbsttätiges Handeln, Nachdenken, Forschen und Experimentieren integriert werden. Projektarbeit basiert auf Eigenverantwortung, Selbstbestimmung, Kooperation, Situationsbezug, gesellschaftlicher Relevanz, Partizipation, Autonomie und Orientierung am Interesse der Kinder. Die Kinder sind von Anfang an mit einbezogen und können ihre Erfahrungen und Ideen einbringen. Sie planen und entwickeln die Projektstruktur und notwendige Regeln gemeinsam mit den Fachkräften. Während eines Projekts gibt es immer wieder Phasen der Reflexion, die zu Veränderungen führen können. Am Ende findet eine Präsentation statt.

Im Unterschied zu einem thematischen Schwerpunkt besteht ein Projekt aus bestimmten Phasen:

5.2.1. Projektinitiierung

Das Projekt starten

Im Team werden zunächst gemeinsam mit Kindern und Eltern Ideen für ein Projekt gesammelt, die immer auf die Lebenswirklichkeit der Kinder bezogen sein müssen, wie z. B. die Erkundung der Umgebung des Kindergartens. Die Ideen können Gesprächen oder Kinderkonferenzen entspringen und mittels Mind-Mapping oder Wandplakaten dokumentiert werden. Aus der Fülle der Anregungen wird nach einiger Zeit eine Auswahl getroffen werden. Um die Kinder mit der Entscheidung nicht zu überfordern, sollte im Team eine Vorauswahl von etwa vier Themen nach folgenden Kriterien erfolgen: Häufigkeit der genannten Ideen, gegenwärtige und zukünftige Bedeutung für die Kinder, Interesse im Team etc.

5.2.2. Projektplanung

Für die Projektplanung können u. a. folgende Fragestellungen hilfreich sein (Textor, 2002):

Planung der Durchführung

- Welche Ziele werden verfolgt?
- Welche Unternehmungen sind geplant?
- Welche Orte werden einbezogen?
- Welche Materialien werden benötigt?
- Wer kann welche Aufgaben übernehmen?
- Welche Projektschritte, welcher organisatorische Ablauf sind geplant?
- Wie und wann soll das Ergebnis präsentiert werden?

Um diesen Beratungsprozess abzuschließen, eignen sich unterschiedliche Methoden. Dabei sind solche zu bevorzugen, die Kindern die Möglichkeit bieten, sich einzubringen, wie Kinderkonferenz, Plakate, Mind-Mappings, Tonbandaufnahmen, Zeichnungen, Sammlung von Anschauungsmaterialien etc. (Stamer-Brandt, 2005). Der Projektplan kann während der Durchführung immer wieder verändert und ergänzt werden. Wichtig ist die Offenheit gegenüber der Ausgangssituation, damit Kinder als Lernende die Möglichkeit erhalten, den Prozess mitzuentscheiden und zu verändern.

5.2.3. Projektdurchführung

Kinder forschen und entdecken

In der Durchführungsphase wird das jeweilige Thema des Projekts aus verschiedenen Blickwinkeln ausgiebig bearbeitet. Bei diesem Prozess sind die Kinder Forscherinnen und Forscher. Sie bekommen keine vorgefertigten Inhalte vermittelt, sondern überlegen Fragen zur Erkundung des Themas und woher sie die Antwort bekommen. Sie erforschen ihre Hypothesen und bestätigen oder widerlegen diese. Sie erschließen sich das Lernfeld in ihrem Tempo. Dadurch erwerben sie vielfältige lernmethodische Kompetenzen.

Übers Lernen reflektieren

Pädagoginnen und Pädagogen lassen sich ebenso auf diesen Forschungsprozess ein und nehmen während der Durchführung immer wieder Reflexionen mit den Kindern vor. In Anlehnung an den metakognitiven Ansatz von Gisbert (2002) werden der Inhalt des Projekts, die Struktur des Inhalts sowie die dabei ablaufenden Lernprozesse mit den Kindern thematisiert.

5.2.4. Projektdokumentation und -präsentation

Projektprozesse veranschaulichen

Die Dokumentation des Projektes sollte bereits prozessbegleitend erfolgen. Sie hat in erster Linie das Ziel, Arbeits- und Bildungsprozesse für die Kinder zu veranschaulichen. „So wird allen deutlich, dass der Weg wichtig ist und nicht das Endprodukt. Die Dokumentation weist häufig schon auf weitere Schritte hin, regt zu neuen Ideen und zum weiteren Nachdenken an“ (Stamer-Brandt, 2005, S. 64). Die Dokumentation dient zum Erinnern für Kinder, Eltern, das Kindergartenteam und den Träger und sollte im Kindergarten aufliegen. Auch Gäste oder neue Eltern erhalten durch eine Projektdokumentation Einblick in die Arbeitsweise des Kindergartens.

Ergebnisse präsentieren

Manche Projekte enden mit der Präsentation von Ergebnissen, etwa im Rahmen einer Vernissage oder eines Beitrags in der Lokalpresse.

Buchtipps

- Stamer-Brandt (2005). Projektarbeit in Kita und Kindergarten entwickeln, durchführen, dokumentieren.
- Textor (2005). Projektarbeit im Kindergarten.

6. REFLEXION VON BILDUNGSPROZESSEN

Kritisches Hinterfragen von Bildungsprozessen

Der Begriff „reflektieren“ bedeutet im eigentlichen Wortsinn widerspiegeln. Im Kindergarten ist damit das kontinuierliche Hinterfragen der ziel- und kindorientierten Planung und Durchführung von Bildungsprozessen gemeint. Dies bezieht sich auf die Berücksichtigung der didaktischen Prinzipien und die Ausgewogenheit der transaktionalen Prozesse, die die Grundlage aller Bildungsprozesse bilden sollten. Weiters wird die methodisch-didaktische Umsetzung einzelner Bildungsangebote auf ihre Effektivität bezüglich des Lerngewinnes für die Kinder überprüft. Eine professionelle Reflexion beinhaltet u. a. Handlungen, Reaktionen, Befindlichkeiten, Bedürfnisse und Aussagen von Kindern sowie dynamische Entwicklungen in der Gruppe.

Pädagogisches Handeln reflektieren

Im Zusammenhang damit ist immer auch ein kritischer Rückblick der Pädagoginnen und Pädagogen auf das eigene pädagogische Handeln erforderlich. Dabei wird überprüft, ob die eigene Auffassung von Bildung und Erziehung, das Bild vom Kind und das Rollenverständnis einer pädagogischen Position entsprechen, die die bestmögliche Entwicklung der Kinder zum Ziel hat. Dieser Reflexionsprozess stellt eine Besinnung auf das Wesentliche dar. Er kann dazu führen, Vertrauen in die eigene Urteilsfähigkeit sowie Sicherheit über eigene Entscheidungen zu entwickeln. Aus der Reflexion werden Erkenntnisse für weitere Bildungsvorhaben gewonnen. Es zeigt sich auch, ob zur Verbesserung der pädagogischen Qualität Korrekturen vorzunehmen sind.

Je nach Bedürfnis der Pädagogin/des Pädagogen können gedankliche Reflexionsprozesse immer stattfinden. Die mündliche Reflexion im Team eröffnet neue Blickwinkel. Besonders in schwierigen Situationen können zusätzliche Anregungen im Sinne einer kollegialen Beratung hilfreich sein (vgl. Kapitel Teamarbeit). Eine professionelle Kindergartenpädagogik verlangt zusätzlich nach einer kontinuierlichen schriftlichen Dokumentation der eigenen Reflexionsprozesse, die die wichtigsten Wahrnehmungen und deren Erkenntnisse für das weitere pädagogische Handeln umfasst.

Reflexion im Team

Die Form der Reflexion ist je nach persönlichen Anforderungen bzw. Vorgaben des Trägers auszuwählen. Im Folgenden werden beispielhafte Leitfragen und das Vierfelderschema nach dem Transaktionsansatz als Möglichkeiten der Reflexion beschrieben:

Dokumentation der Reflexion

6.1. Leitfragen zur Reflexion

Pädagogische Position:

Pädagogische Position reflektieren

- Welches Bild vom Kind beeinflusst mein pädagogisches Handeln?
- Welches Bildungsverständnis liegt meinem pädagogischen Handeln zugrunde? Werden alle entsprechenden didaktischen Prinzipien berücksichtigt?
- Welches Rollenverständnis liegt meinem pädagogischen Handeln zugrunde?

Differenzierte Ausführungen zur Qualität der pädagogischen Orientierung finden sich bei Hartmann et al. (2006, S. 82ff). Diese können zur ausführlichen Reflexion herangezogen werden.

Weiters eignet sich die pädagogische Orientierung der Kindergarten-Skala (Tietze et al., 2007, S. 7) als Basis der Reflexion.

Verhalten der Kinder:

Verhalten der Kinder reflektieren

- Wie reagierten die Kinder auf Angebote oder Interaktionen?
- Was fiel bei einzelnen Kindern auf?
- Welche Kinder interessierten sich für welche Angebote?
- Woran war gegebenenfalls Über- bzw. Unterforderung der Kinder zu erkennen?
- Hatten die Kinder Freude an der Auseinandersetzung? Woran war das zu erkennen?
- Welche Ideen und Vorerfahrungen konnten die Kinder einbringen?
- Was und wie lernten die Kinder?
- Wurde ein Transfer auf andere Situationen beobachtet?
- Fanden Prozesse im Freispiel statt, die sich auf das Bildungsangebot bezogen?

Gruppendynamische Aspekte reflektieren

Gruppendynamische Aspekte:

- Wer übernahm welche Rolle?
- Gab es Konflikte? Wie wurden sie gelöst?
- Wo und womit beschäftigten sich Mädchen und Buben?
- Welche Gruppierungen und Freundschaften wurden sichtbar?

Methodisch-didaktische Analyse

Methodisch-didaktische Analyse:

- Wurden die Kinder zeitgerecht und ausreichend über das Angebot informiert?
- Wurden die angestrebten Ziele erreicht?
- Konnten Rahmenbedingungen optimal genutzt werden?
- Ermöglichte die Organisation des Angebots hinsichtlich Sozialform, Zielgruppe, Ort, Zeit und Dauer effektive Bildungsprozesse?
- Wie gelang die Motivation?
- Wie reagierten die Kinder auf Materialien und Medien?
- Wie wurden die Kinder bei ihren Bildungsprozessen unterstützt?
- Wurde der Höhepunkt gut herausgearbeitet?
- Wurden die Kinder ganzheitlich angesprochen?
- Hatten die Kinder Gelegenheit zur Selbsttätigkeit?
- Hatten sie Zeit für ihre Ideen und für individuelle Aneignungsprozesse?
- Wurden bei den Kindern Subjektivierungsprozesse sichtbar?

Reflektieren mit dem Vierfelderschema

6.2. Vierfelderschema zur Reflexion

Das Vierfelderschema nach dem Transaktionsansatz eignet sich v. a. als Reflexionsinstrument für längerfristige thematische Schwerpunkte und Projekte. Die transaktionalen Prozesse der Aneignung, Objektivierung, Subjektivierung und Vergegenständlichung werden analysiert. Dabei wird sichtbar, ob in der Bildungsarbeit eine Ausgewogenheit dieser Prozesse ermöglicht wurde (vgl. Hartmann et al., 2006).

Abb.1: Vierfelderschema zur Reflexion von Bildungsprozessen

Objektivieren (Akkomodation, Orientierung an der Realität)	**Subjektivieren** (Assimilieren, Anpassen an die eigenen Bedürfnisse)	
A **Die Kinder rezipieren und verinnerlichen den Bildungsinhalt** Mithilfe von Wahrnehmungsprozessen erkunden die Kinder ihre Umwelt (Sehen, Hören, Angreifen, Explorieren etc.). Bildungsprozesse werden durch die Umwelt der Kinder ausgelöst oder aufrechterhalten: durch Eltern oder andere Erwachsene, durch Materialien oder durch die Natur.	**B** **Die Kinder bringen ihre eigenen Erfahrungen ein und verarbeiten dadurch die Bildungsinhalte** Die Kinder stellen Fragen, assoziieren, vergleichen und bringen Neues mit eigenen Erfahrungen in Verbindung. Sie entwickeln Ideen und Pläne, treffen Entscheidungen und lösen damit selbst Austauschprozesse mit der Umwelt aus.	**Aneignen** (Verinnerlichen, Internalisieren)
C **Die Kinder sind Ausführende** Aufgrund der Anregungen der Kindergartenpädagogin/des Pädagogen haben die Kinder die Möglichkeit, Bildungsprozesse mitzugestalten und Produkte herzustellen.	**D** **Die Kinder schaffen ein eigenes Produkt und erleben sich als Schöpfer/Schöpferinnen** Die Kinder gestalten Spiele, Aktivitäten und Produkte nach ihren eigenen Erfahrungen und Plänen. Sie entwickeln Ideen weiter, erfinden Neues und produzieren eigene Werke. Sie übertragen ihre Ideen auf neue Materialien und Situationen.	**Vergegenständlichen** (Mitgestalten, Produkte schaffen, sich selbst Erweitern)

Beobachtung und Dokumentation

Beobachtung und Dokumentation sind wichtige Handwerkszeuge der Kindergartenpraxis. Sie bilden die Basis für eine kindorientierte Bildungsarbeit.

Beobachtung als Basis der Bildungsarbeit

Durch Beobachtung können die kindlichen Bedürfnisse, Interessen und Fähigkeiten sowie das individuelle Entwicklungstempo gezielt erfasst werden. Die Dokumentation bietet die Möglichkeit, die Beobachtungen der Fachkräfte professionell darzustellen und aufzubereiten sowie Bildungsprozesse und Entwicklungsverläufe fortlaufend zu überprüfen.

1. BEDEUTUNG VON BEOBACHTUNG UND DOKUMENTATION

Die regelmäßige und umfassende Beobachtung und Dokumentation ist für verschiedene Zielgruppen bedeutsam:

1.1. Für das Kindergartenteam

Jede Pädagogin bzw. jeder Pädagoge sollte sich mit Beobachtung und Dokumentation intensiv auseinandersetzen. Oft ist es hilfreich, Beobachtungen auch im Team zusammenzutragen, zu diskutieren, zu reflektieren und zu interpretieren.

Analyse der Gruppenprozesse

Auf der Ebene der Gruppe wird deutlich, wie einzelne Bildungsangebote von den Kindern angenommen wurden, wo die Interessen der Gruppe liegen und wo weitere Impulse und Anregungen durch die Pädagoginnen und Pädagogen sinnvoll wären. Eine Analyse der Bildungsarbeit mittels Vierfelderschema macht sichtbar, ob sich transaktionale Prozesse in Balance befinden. Die Reflexion kann dazu führen, dass in der Bildungsarbeit mehr auf die individuellen Erfahrungen der Kinder Bezug genommen wird oder mehr Zeit für kreative Prozesse zur Verfügung steht (vgl. Kapitel Didaktik der Kindergartenpädagogik).

Entwicklungs- und Lernfortschritte sichtbar machen

Hinsichtlich der Kinder verdeutlicht die Bildungsdokumentation ihre Entwicklungsfortschritte, ihr Lernverhalten und ihre individuellen Bedürfnisse nach Förderung. Dies kann z. B. eine intensivere Unterstützung der motorischen Entwicklung durch grobmotorische Angebote nach sich ziehen. Kinder mit besonderen Interessen und

Begabungen könnten zusätzliche Anregungen wie Fachbücher und Lexika oder die Möglichkeit der Internetrecherche erhalten.

Optimierung der Qualität

Auch für die Arbeit an der Konzeption des Kindergartens und für die Qualitätsentwicklung ist die Auseinandersetzung mit Beobachtung und Dokumentation wichtig. Selbst formulierte Ziele und Schwerpunkte der Bildungsarbeit können hinsichtlich ihrer Umsetzung im pädagogischen Alltag überprüft werden.

1.2. Für die Kinder

Auswirkungen auf das Selbstwertgefühl

Für die Kinder selbst hat die Beobachtung und Dokumentation ihrer individuellen Bildungsprozesse und Lernschritte an sich bereits einen positiven Einfluss auf ihr Selbstwertgefühl. Sie erleben, dass ihre Persönlichkeit sowie ihre Handlungen und Werke als so interessant und bedeutsam bewertet werden, dass sie festgehalten und gemeinsam mit anderen betrachtet werden (Hartmann et al., in Druck).

Kinder denken über sich selbst nach

Berichte über die Entwicklungs- und Lernprozesse der Kinder können z. B. in kindgerechten Worten als Brief verfasst und mit zahlreichen Fotos angereichert werden. „Kindern auf diese Weise bewusst zu machen, was sie gelernt und wie sie das geschafft haben, ist (...) eine Möglichkeit für das Kind, sich seiner Selbstgestaltungskräfte und Selbstwirksamkeit bewusst zu werden" (Weiss, 2007, S. 22). Wenn die Pädagoginnen und Pädagogen mit den Kindern über ihre Lernprozesse sprechen und darüber reflektieren, was sie Neues gelernt haben, was besonders gut gelungen ist oder wobei sie noch Hilfe benötigen, wird die Fähigkeit der Kinder zur Metakognition (Gisbert, 2002) unterstützt.

Kinder dokumentieren

Partizipationsprozesse und Erfahrungen der Selbstwirksamkeit werden gefördert, wenn die Kinder in die Beobachtung und Dokumentation mit einbezogen werden. Das bedeutet z. B., sie aktiv an der Auswahl jener Inhalte, Werke, Fotos etc. zu beteiligen, die in ein Portfolio aufgenommen werden. Die Kinder können den Fachkräften auch diktieren, was sie zu einzelnen Themen und Bildern festhalten wollen oder welche Aktivitäten gefilmt bzw. fotografiert werden. Nicht immer stimmen die Blickwinkel und Wünsche der Kinder mit jenen der Erwachsenen überein. Hier ist eine Haltung wichtig, die den Kindern Eigenverantwortung zugesteht und ihre Entscheidungen respektiert.

1.3. Für die Bildungspartnerschaft mit Eltern

Grundlage des Entwicklungsgesprächs

Die Bedeutung der Beobachtung muss für Eltern transparent werden. Sie sollten darüber informiert sein, dass diese ein wichtiges Element der Bildungsarbeit darstellt. Die Dokumentation der kindlichen Entwicklung dient als Grundlage der Bildungspartnerschaft. Zum einen bringt sie Transparenz in die pädagogische Arbeit.

Viele Eltern erhalten z. B. durch Fotos und Filme erstmals einen direkten Einblick in die Welt des Kindergartens und können die Vielfalt und Breite der Bildungsarbeit besser wahrnehmen. Zum anderen kann – unterstützt durch wörtliche Aufzeichnungen oder die Sammlung der Werke der Kinder – mit den Eltern sehr konkret besprochen werden, wie die Entwicklung ihrer Kinder in einem bestimmten Zeitraum verlaufen ist. Dazu zählen die Lernfortschritte der Kinder, ihre persönlichen Vorlieben und sozialen Beziehungen innerhalb der Gruppe ebenso wie eventuell nötige zusätzliche Fördermaßnahmen. Gerade solche Interventionen können den Eltern umso verständlicher vermittelt werden, je anschaulicher die Unterlagen sind, die bei einem Entwicklungsgespräch verwendet werden.

Gemeinsame Fördermöglichkeiten überlegen

Aus den Beobachtungen lassen sich gemeinsam mit den Eltern Schritte für die weitere Förderung der Kinder ableiten. Dadurch werden die Eltern als Partnerinnen und Partner der Fachkräfte sowie als Expertinnen und Experten für ihre Kinder bestätigt. Die Unterlagen für die Eltern sollten stets in sachlichem und wertschätzendem Ton gehalten sein.

1.4. Für die Öffentlichkeitsarbeit

Unterschiedliche Formen der Dokumentation eignen sich besonders für die Präsentation des Kindergartens nach außen.

Präsentation des Kindergartens nach außen

Durch professionelle und qualitätsvolle Gestaltung der Dokumentationen verdeutlicht der Kindergarten seinen wichtigen gesellschaftlichen Auftrag und trägt dazu bei, das Wissen der Öffentlichkeit über Kindergartenpädagogik zu erweitern. Dazu zählen z. B. Beiträge in Fachzeitschriften oder Veröffentlichungen auf Gemeindeebene, Ausstellungen in öffentlichen Gebäuden sowie die Gestaltung einer Homepage.

2. VORAUSSETZUNGEN FÜR PROFESSIONELLE BEOBACHTUNG UND DOKUMENTATION

Damit Beobachtung und Dokumentation gelingen und nachhaltig für die Bildungsarbeit genutzt werden können, müssen folgende Aspekte beachtet werden:

2.1. Fachkompetenz

Pädagoginnen und Pädagogen sollten mit Beobachtungswerkzeugen und Methoden der Bildungsdokumentation gut vertraut sein und viel Übung in ihrer Anwendung haben.

Kenntnis von Methoden

Wichtig ist es, Beobachtungsergebnisse transparent gegenüber der jeweiligen Zielgruppe (Eltern, Kinder, Lehrerinnen und Lehrer etc.) darzustellen und zu argumentieren. Fachwissen über Entwicklungspsychologie und Entwicklungsverläufe, das in Fortbildungen vertieft werden kann, unterstützt die Fachkräfte dabei, Informationen aus der Beobachtung der Kinder gut einzuordnen und passende pädagogische Konsequenzen abzuleiten (vgl. Meilensteine der Entwicklung).

Selbstreflektiert beobachten

Die Beobachtung anderer Menschen und ihrer Beziehungen zueinander ist schwer zu objektivieren und oft von eigenen Erwartungshaltungen, Stimmungen, Verallgemeinerungen, Interpretationen oder Projektionen überlagert. Deshalb ist die Fähigkeit der Pädagoginnen und Pädagogen zur Selbstreflexion eine wichtige Voraussetzung für die Beobachtung. Die Qualität von Beobachtungsergebnissen kann gesteigert werden, wenn ein Kind von mehreren Kolleginnen und Kollegen eingeschätzt wird und diese Beobachtungen im Team diskutiert und evaluiert werden.

2.2. Pädagogische Haltung

Die Entscheidung, Beobachtung und Dokumentation fix in die pädagogische Arbeit zu integrieren und dafür regelmäßig Zeit im Alltag zu reservieren, setzt eine bestimmte pädagogische Haltung voraus. Manchmal müssen Angebote und traditionelle (Alltags-) Strukturen zugunsten der Beobachtungszeit reduziert und verändert werden. Eine förderliche pädagogische Haltung, die Dupuis (2006) mit dem Begriff „Kultur der Beobachtung" umschreibt, zeichnet sich unter anderem durch folgende Aspekte aus:

Aspekte der pädagogischen Haltungen

- Neugierde und Interesse, die Kinder besser kennen zu lernen und durch das aus der Beobachtung erworbene Wissen bestmöglich zu begleiten
- Beobachtete Bedürfnisse und Wünsche der Kinder als wichtigste Grundlagen der Planung von Bildungsprozessen ernst nehmen
- Sich als Entwicklungspartnerin bzw. -partner verstehen, um die Stärken und Schwächen jedes Kindes zu erfassen und daraus pädagogische Handlungen abzuleiten
- Vertrauen in die Kompetenz und Selbstständigkeit der Kinder
- Freispiel und Kindergartenalltag als Bildungsprozesse und damit als wichtige Beobachtungssituationen werten
- Zeit für die Beziehung zu jedem Kind als oberste Priorität in der Bildungsarbeit betrachten
- Prozess- und Kindorientierung der produktorientierten Arbeit vorziehen
- Fähigkeit, sich zurückzunehmen
- Wissen, dass Beobachtungen Momentaufnahmen sind, die sich laufend verändern

2.3. Strukturelle Voraussetzungen

Bedeutung von Rahmenbedingungen

Für die Qualität der systematischen Beobachtung ist die Anwesenheit einer zusätzlichen pädagogischen Fachkraft in der Gruppe empfehlenswert. So fordert etwa Dupuis (2006), dass jede Fachkraft für festgelegte Beobachtungszeiten von allen anderen Tätigkeiten freigestellt wird. Für die Erarbeitung von Kriterienkatalogen sowie die Reflexion der Beobachtungen und Dokumentationen im Team ist zusätzlich kinderdienstfreie Zeit notwendig.

3. METHODEN DER BEOBACHTUNG

In Anlehnung an Krenz (1994) stehen folgende verschiedene Methoden der Beobachtung zur Verfügung:

Natürliche Beobachtung Die Beobachtung findet in der natürlichen Umgebung der beobachteten Person statt.	**Künstliche Beobachtung** Für die Beobachtung wird eine spezielle Beobachtungssituation geschaffen.
Systematische Beobachtung Vor der Beobachtung werden bestimmte Fragestellungen (Ziele) festgelegt. Standardisierte Beobachtungskategorien, z. B. Beobachtungsbögen, werden verwendet.	**Gelegenheitsbeobachtung** Die Beobachtung hat keine speziellen Ziele und ist frei, ungerichtet und ergebnisoffen.
Aktiv teilnehmende Beobachtung Die Person, die beobachtet, ist selbst aktiv ins Geschehen eingebunden und beobachtet gleichzeitig.	**Passiv teilnehmende Beobachtung** Die Person, die beobachtet, ist nicht am Geschehen beteiligt und greift für die Zeit der Beobachtung auch nicht in das Geschehen ein.
Kurzzeitbeobachtung Für die Beobachtung ist ein kurzer Zeitabschnitt vorgesehen	**Dauerbeobachtung** Die Beobachtung findet über einen längeren Zeitraum statt. Es werden jedoch bestimmte Sequenzen definiert, um Verhaltensweisen zu beobachten.

Beschreibende Beobachtung Die Beobachtung wird beschreibend festgehalten. Bei der Formulierung ist auf nicht wertende Beschreibungen zu achten.	**Registrierende Beobachtung** Die Beobachtung hat möglichst objektive Daten zum Ziel, z. B. durch Strichlisten, Ankreuzen etc.
Defizitorientierte Beobachtung Die Beobachtung beachtet Schwächen und Defizite	**Kompetenzorientierte Beobachtung** Stärken und Talente einer Person werden beobachtet.

4. SCHRITTE DER SYSTEMATISCHEN BEOBACHTUNG

Merkmale der systematischen Beobachtung

Beobachten geht über das bloße Wahrnehmen hinaus. Systematisches Beobachten meint aktives, planmäßiges, auf ein bestimmtes Ziel gerichtetes, zweckorientiertes Registrieren von Verhaltensweisen oder Ereignissen. Ein festgelegtes Setting gewährleistet die Wiederholbarkeit und Vergleichbarkeit der Beobachtungen. Objektive Bedingungen entstehen dadurch, dass Beobachtungsinhalt, Zeitpunkt, Dauer, Ort, Methode und Dokumentationsform vorher genau festlegt werden. Die systematische Beobachtung kann z. B. angewendet werden, um eine bestimmte Hypothese zu überprüfen oder den Entwicklungsstand einzelner Kinder differenziert zu erfassen.

4.1. Planung der systematischen Beobachtung

Die Planung der systematischen Beobachtung umfasst folgende Schritte:

4.1.1. Beobachtungsziele

Warum beobachten?

Vor Beginn der Beobachtung sollte feststehen, wofür die Beobachtungsergebnisse gebraucht werden. Mögliche Ziele könnten z. B. sein: Entwicklungsverläufe und -veränderungen eines Kindes über einen längeren Zeitraum zu erfassen und sichtbar zu machen, ein Kind oder eine Situation besser zu verstehen, Eltern fundiert und auf der Grundlage ausführlicher Dokumentationen Rückmeldungen über ihr Kind zu geben, die Ursache für ein Verhalten genauer zu erkunden, die Beurteilung der Schulfähigkeit, Hinweise zu sammeln, wie ein bestimmter Bildungsimpuls von den Kindern aufgenommen wurde, pädagogische Impulse abzuleiten etc.

4.1.2. Beobachtungsfokus

Was oder wen beobachten?

Mittels Beobachtung können einzelne Kinder und/oder gruppendynamische Aspekte erfasst werden. Auch die Pädagoginnen und Pädagogen selbst oder andere Erwachsene können beobachtet werden. Weiters beeinflussen z. B. bauliche oder strukturelle Rahmenbedingungen einzelne Kinder oder die Gruppenatmosphäre und sollten daher im Fokus der Beobachtung stehen.

- **Dimensionen beim Kind:** Grob- und Feinmotorik, Sprache, Spiel- und Arbeitsverhalten, Selbstständigkeit und lebenspraktische Fertigkeiten, Problemlösekompetenz, Wahrnehmung, Konfliktverhalten, soziale Kontakte, emotionale Stabilität, Kreativität, Musikalität, Natur- und Wissenschaftsverständnis, spirituelles Verständnis, kognitive Entwicklung und Lernprozesse u. v. m.
- **Gruppendynamische Aspekte:** Freundschaften, Gruppenbildungen, Nutzung einzelner Spielbereiche, Räume und Spielmaterialien, Zeitrhythmen u. v. m.
- **Transaktionale Prozesse**: Dokumentation und Analyse von Bildungsprozessen nach dem Vierfelderschema (vgl. Kapitel Didaktik der Kindergartenpädagogik): Objektivierung, Aneignung, Subjektivierung und Vergegenständlichung.
- **Bauliche und strukturelle Aspekte**: Auswahl, Platzierung und Gestaltung unterschiedlicher Spielbereiche und Materialien, Raumaufteilung, Rückzugsmöglichkeiten, Sicherheit und Hygiene, Gestaltung von Zeitabläufen und Übergängen u. v. m.

4.1.3. Beobachtungszeit und -ort

Wann und wo beobachten?

Beobachtung kann sich u. a. auf Alltagssituationen, auf das Freispiel, auf Angebote und Projekte, auf die Einzelarbeit oder auf Gruppenaktivitäten beziehen. Um qualitätsvolle Ergebnisse zu erzielen, ist ein möglichst ungestörter Beobachtungsprozess ohne Zeitdruck günstig.

Im ersten Schritt sollten die Fachkräfte ihren täglichen Zeitablauf und Tagesrhythmus nach Zeitpunkten durchleuchten, die sich am besten für gezielte Beobachtungen eignen. Dazu zählen z. B. Phasen, wo eine Zweitbesetzung in der Gruppe ist oder organisiert werden kann, wo Kinder selbstständig aktiv sind, z. B. in der Freispielphase, und wo wenig Störung von außen, z. B. durch abholende Eltern, zu erwarten ist. Der Zeitpunkt der Beobachtung muss mit dem Beobachtungsziel abgestimmt werden. So kann die Grobmotorik z. B. im Garten oder bei Bewegungseinheiten gut erfasst werden.

Die Zuverlässigkeit der Beobachtung und die Genauigkeit der Dokumentation werden erhöht, wenn unterschiedliche Situationen als Grundlage dienen, wie z. B. Einzel- und Gruppenaktivitäten, unterschiedliche Orte oder Zeitpunkte etc.

4.1.4. Beobachtungsinstrumente

Für die systematische Beobachtung im Kindergarten wurden in den letzten Jahren zahlreiche Instrumente entwickelt. Diese Verfahren geben für alle Kinder einheitliche Aufgaben und Situationen vor. Beobachtungsbögen können sich hinsichtlich ihrer Qualität und/oder ihrer praktischen Handhabung unterscheiden. Bei der Auswahl sollte darauf geachtet werden, ob Angaben zu den theoretischen Grundlagen des jeweiligen Entwicklungsbereichs – wie z. B. der Sprachentwicklung – vorliegen und ob darauf Bezug genommen wird, nach welchem Konzept die einzelnen Beobachtungskriterien entwickelt wurden.

Womit beobachten?

Beispiele vorgefertigter Verfahren zur Beobachtung sind:

Beobachtungsbögen im Handel

- Beller & Beller (2006). Kuno Bellers Entwicklungstabelle.
- Lueger (2005). Beobachtung leicht gemacht.
- Mayr & Ulich (2006). Perik „Positive Entwicklung und Resilienz im Kindergartenalltag."
- Michaelis (2003). Validierte Grenzsteine der Entwicklung.
- Paschon & Zeilinger (2002). SBKK „Salzburger Beobachtungskonzept für Kindergärten" (nur in Kombination mit einer Fortbildung erhältlich).
- Ulich & Mayr (2003). Sismik „Sprachverhalten und Interesse an Sprache bei Migrantenkindern im Kindergarten."
- Ulich & Mayr (2006). Seldak „Sprachentwicklung und Literacy bei deutschsprachig aufwachsenden Kindern."
- Breit & Schneider (2008a). BESK 4-5. Beobachtungsbogen zur Erfassung der Sprachkompetenz 4- bis 5-Jähriger in Bildungs- und Betreuungseinrichtungen.

Neben den im Handel erhältlichen Beobachtungsinstrumenten können Beobachtungsbögen auch selbst erstellt werden: Checklisten, Beobachtungsgitter und Merkmallisten, die im Team individuell erarbeitet werden, eignen sich dazu, Beobachtungen unterschiedlichster Alltagssituationen und Bildungsangebote zu strukturieren. Dabei können Häufigkeit und Ausprägung kindlicher Verhaltensweisen beobachtet und dokumentiert werden. Die Beobachtungsergebnisse sind umso genauer, je konkreter und detaillierter Beobachtungsinhalte differenziert werden.

Selbst erstellte Beobachtungsbögen

4.2. Verhaltensbeschreibung und Interpretation

Professionelle Beobachtung unterscheidet zwischen Verhaltensbeschreibung und Interpretation:

- Die Verhaltensbeschreibung bezieht sich auf konkrete Handlungen und Verhaltensweisen, die nachvollziehbar sind und nicht wertend beschrieben

Unterscheidung zwischen Beschreibung und Interpretation

werden. Zwei Personen kommen unabhängig voneinander zum selben Beobachtungsergebnis, z. B. „Peter streicht Marie über ihren Arm."

- Interpretationen sind Annahmen, Vermutungen, Deutungen und Hypothesen, die aufgrund von Beobachtungen aufgestellt werden. Sie müssen immer vor dem subjektiven Hintergrund der Beobachterin/des Beobachters gesehen werden und können daher unterschiedlich ausfallen, z. B. „Er hat sie gern"; „er sucht körperliche Zuwendung".
  Diese Unterscheidung muss in der Beobachtung bewusst vorgenommen werden und sollte auch aus schriftlichen Aufzeichnungen deutlich hervorgehen.

4.3. Konsequenzen für die pädagogische Arbeit

Folgen für die pädagogische Arbeit

Die Ergebnisse der Beobachtung sind Grundlage für:

- die Planung von entwicklungsangemessenen Bildungsangeboten,
- Entwicklungsgespräche und gegebenenfalls für Beratungsgespräche mit Eltern, wenn bei Kindern besondere Bedürfnisse und/oder Begabungen beobachtet werden,
- die Vernetzung mit Fachkräften aus externen Institutionen.

5. BEOBACHTUNGSFEHLER

Beobachtungsfallen

Beobachtungen haben in Abhängigkeit von der Auswahl der Methoden und Instrumente sowie der Übung der Beobachtenden eine unterschiedlich hohe Fehleranfälligkeit. In der Literatur werden folgende „Wahrnehmungsfallen" beschrieben (Bensel & Haug-Schnabel, 2005; Mehl, 2005; Breit & Schneider, 2008b):

Primacy- und Recency-Effekt

- Primacy- und Recencyeffekt: Der Primacyeffekt besagt, dass ein Kind aufgrund des ersten Eindrucks eingeschätzt und bewertet wird. Alle weiteren Erfahrungen werden diesem ersten Bild untergeordnet. So wird z. B. ein Kind, das beim ersten Kreisspiel unangenehm aufgefallen ist, als „Störenfried" gespeichert. Der Recencyeffekt hingegen meint, dass alle Erfahrungen mit einem Kind dem zuletzt gewonnenen Eindruck untergeordnet werden.

Halo-Effekt

- Halo-Effekt: Aus einzelnen, besonders hervorstechenden Merkmalen eines Kindes wird auf seine Gesamtpersönlichkeit geschlossen. Ein Kind mit einer mathematischen Hochbegabung wird beispielsweise auch in anderen Entwicklungsbereichen als besonders begabt eingeschätzt, obwohl es vielleicht ganz durchschnittliche sprachliche Fähigkeiten aufweist.
- Self-fulfilling Prophecy (Rosenthal-Effekt): Positive oder negative Erwartungen,

die sich selbst erfüllende Profezeiung

Self-fulfilling Prophecy

die in ein Kind gesetzt werden, beeinflussen dessen Verhalten und die Beobachtung. Unausgesprochene Annahmen wie „Das schafft sie/er ohnehin nicht!“ verunsichern etwa ein Kind so, dass es sich die geforderte Leistung womöglich selbst nicht mehr zutraut und wirklich versagt.

Kontrastfehler

- Kontrastfehler: Wahrnehmungen können aufgrund des Umfeldes, in dem sie gemacht werden, verzerrt werden. Ein aufgewecktes, aktives Kind wirkt z. B. unter vielen schüchternen und ruhigen Kindern besonders lebhaft.

Kategorisierungstendenz

- Kategorisierungstendenz: Wegen der Zugehörigkeit eines Kindes zu einer Gruppe werden ihm automatisch bestimmte „typische“ Eigenschaften zugeordnet. Dem Kind einer Ärztin werden z. B. positivere Eigenschaften zugeschrieben als dem einer Arbeitslosen. z.B.: Personen die Wohnblocks wohnen werden negativen Eig. zugeord.

Projektionsfehler

- Projektionsfehler: Dabei werden einem Kind bestimmte Eigenschaften oder Handlungsabsichten zugeordnet, weil man sich ihm ähnlich fühlt: „Ich war auch so wie die Kathi, so schüchtern und fleißig ...“

Sympathie-/Antipathie-Effekt

- Sympathie-/Antipathieeffekt: Sympathie und Antipathie verzerren häufig die Wahrnehmung. Wirkt ein Kind sympathisch, wird es positiver beurteilt und mögliche störende Verhaltensweisen, wie z. B. das Streben, immer im Mittelpunkt zu stehen, werden milder bewertet als bei einem Kind, das unsympathisch ist. Negative Vorerfahrungen mit einem Kind verleiten ebenfalls dazu, das Kind kritischer zu beurteilen.

Generalisierungsfehler

- Generalisierungsfehler: Einmalig bei einem Kind beobachtete Verhaltensweisen werden verallgemeinert. Nimmt ein Kind z. B. einmal einem anderen Kind ein Auto weg, wird es beim nächsten Mal wieder verdächtigt.

Logischer Fehler

- Logischer Fehler: Von einer Eigenschaft wird auf andere Eigenschaften geschlossen, z. B. unfrisiert – schlampig.

Bewertungsfehler

- Bewertungsfehler: Die Interessen und Werthaltungen der beobachtenden Person verfälschen das Ergebnis.

Ermüdung

- Ermüdung: Die Aufmerksamkeit der beobachtenden Person lässt aufgrund von Müdigkeit nach.

6. FORMEN DER DOKUMENTATION

Für die Dokumentation von Bildungsprozessen steht eine Fülle an Methoden zur Verfügung, die unterschiedlich differenziert und aufwändig in der Anwendung sind.

6.1. Alltagsdokumentation mittels Logbuch

Eintragungen in ein Logbuch

Bei der Arbeit mit einem Logbuch geht es nicht um die gezielte Bildungsdokumentation, sondern um das schriftliche Festhalten von alltäglichen Beobachtungen. Das Kindergartenpersonal kann dafür z. B. einen Kalender benutzen, in dem täglich mit wenigen Worten jene Situationen notiert werden, die besonders interessant erscheinen. Dazu zählen etwa innovative Spielideen der Kinder, Konflikte, Kindergruppen, die sich in dieser Form erstmals gebildet haben, die Reaktionen der Kinder auf neue Materialien u. v. m.

Das Logbuch kann von einzelnen Pädagoginnen und Pädagogen persönlich geführt und nur für die eigene Reflexion genutzt werden. Aber auch der Vergleich mit Kolleginnen und Kollegen kann interessante Erkenntnisse liefern: Wem fallen welche Situationen auf? Gibt es Kinder, die häufig im Logbuch vorkommen und solche, über die gar nichts notiert wird? Aus den Notizen können sich Impulse für weitere gezielte Beobachtungen bzw. für die Planung der Bildungsarbeit ergeben (vgl. Strätz & Demandewitz, 2005).

6.2. Soziogramm

Gruppendynamische Prozesse festhalten

Das Soziogramm ist ein systematisches Verfahren, um die sozialen Beziehungen innerhalb einer Gruppe transparent zu machen. Die Pädagogin bzw. der Pädagoge kann die Beziehungsdynamik in der Kindergartengruppe mittels gut überlegter Beobachtungskriterien erfassen, wie z. B.: „Wie oft wird ein Kind von anderen als Spielpartnerin bzw. -partner gewählt?"; „Wie oft fordert ein Kind andere zum Mitspielen auf?" Auch qualitative Fragen, wie z. B. „Werden Kinder von anderen verspottet oder diskriminiert?" können für ein Soziogramm verwendet werden. Zur Dokumentation eignet sich ein Tabellenschema mit allen Kindern der Gruppe (vgl. Bensel & Haug-Schnabel, 2005, S. 60). Soziogramme müssen im Team ausführlich reflektiert werden und Angebote zur Erweiterung der Sozialkompetenz der Kinder nach sich ziehen. Ein Soziogramm kann demnach auch zur Erfolgskontrolle eingesetzt werden, um zu überprüfen, ob sich die Beziehungen in der Gruppe über einen gewissen Zeitraum verändert haben.

Ein Soziogramm kann auch durch die direkte Befragung der Kinder erstellt werden, wie etwa: „Mit wem spielst du am liebsten?"; „Neben wem möchtest du im Erzählkreis am liebsten sitzen?"

6.3. Mind-Mapping

Mind-Mapping dient der Visualisierung einzelner Gedanken und Aspekte zu einem bestimmten Thema, um einen Überblick darüber zu erhalten. Jacobs (2007, S. 34) nennt es treffend „Landkarten des Denkens". Mittels dieser kreativen Technik können Zusammenhänge hergestellt und veranschaulicht werden. Dafür werden, ausgehend von einer zentralen Fragestellung bzw. einem zentralen Thema, Äste gebildet, die einzelne Gesichtspunkte dazu darstellen.

Abb. 2: Mind-Mapping zur Dokumentation eines Waldtages

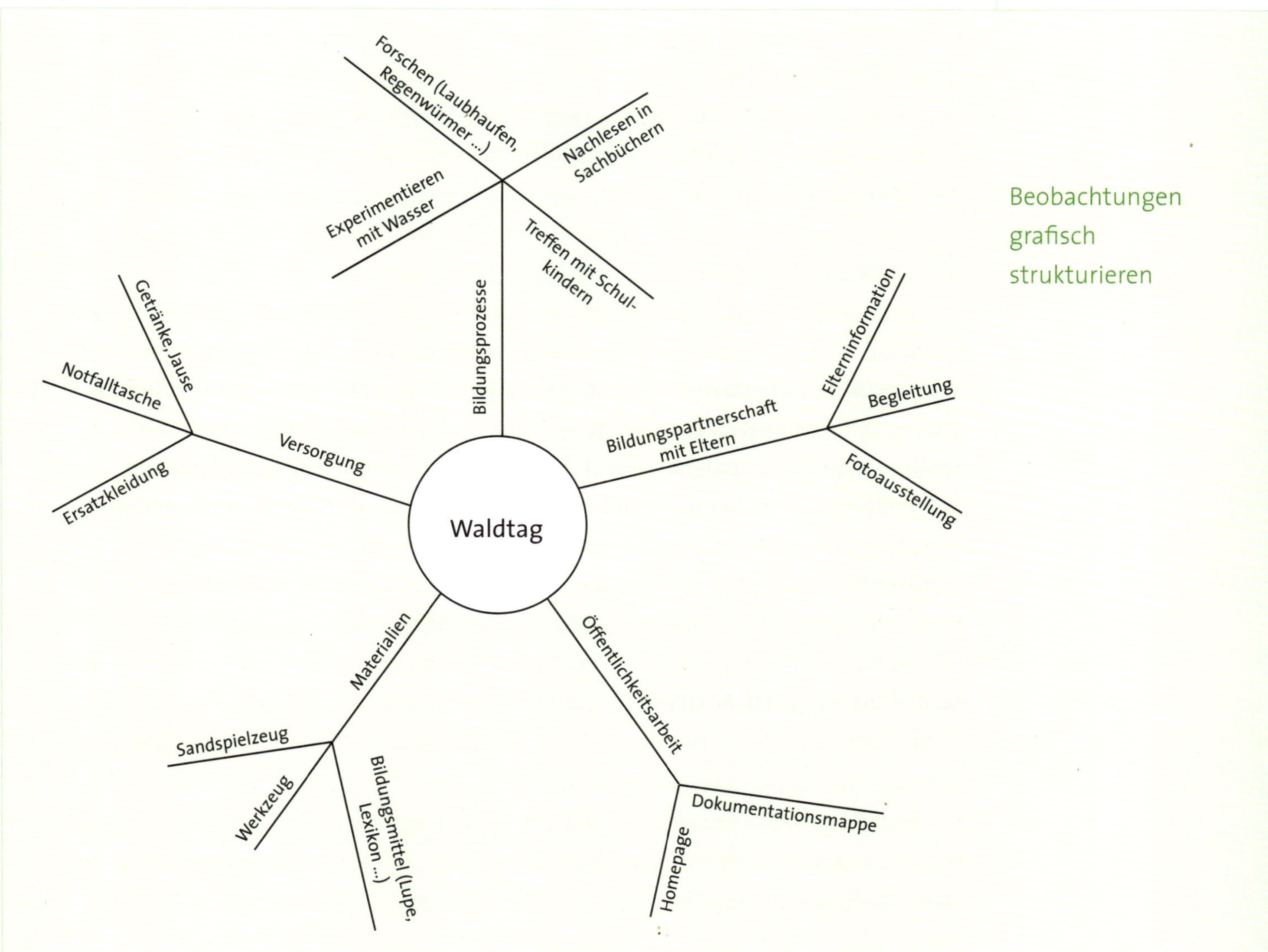

Beobachtungen grafisch strukturieren

Für die Bildungsdokumentation im Kindergarten kann etwa ein Mind-Mapping über ein bestimmtes Kind erstellt werden. Dafür werden stichwortartig einzelne Beobachtungen aus dem Alltag oder aus konkreten Lernsituationen, Aussagen anderer Kinder, Eindrücke der Erwachsenen oder Schilderungen der Eltern notiert. Aber auch allgemeine Themen wie die Resonanz der Kinder auf bestimmte Angebote oder die besonderen Bedürfnisse von Kindern mit einer anderen Erstsprache als Deutsch können mittels Mind-Mapping beobachtet und reflektiert werden. Mind-Mapping ist auch eine Technik, die gemeinsam mit Kindern angewendet werden kann. So werden die Kinder in Reflexionsprozesse miteinbezogen, erhalten die Möglichkeit zur Partizipation und erleben sich als Mitgestalter ihrer Umwelt.

6.4. Wortprotokolle

Genauigkeit durch wörtliche Protokolle

Durch wörtliche Protokolle können kindliche Entwicklungsprozesse und Interaktionen besonders anschaulich geschildert werden. Oft reichen wenige Sätze, um eine Situation sehr treffend darzustellen: Beziehungen zwischen einzelnen Kindern, Denkprozesse, die verbalisiert werden, neue Erkenntnisse, die ein Kind gewonnen hat oder Kommentare zu anderen Kindern oder Erwachsenen. Wortprotokolle können in andere Dokumentationsformen, wie etwa Lerngeschichten oder Portfolios, integriert werden. Auf Wunsch der Kinder werden häufig auch Zeichnungen oder andere Werke mit wörtlichen Zitaten versehen.
Strätz und Demandewitz (2005) geben eine Fülle konkreter Tipps, wie schriftliche Schilderungen besonders anschaulich gestaltet werden können und weisen u. a. auf die Gefahren von Über- oder Falschinterpretationen hin. Manche Äußerungen werden erst aus dem Kontext heraus oder in Verbindung mit nonverbalen Botschaften verstehbar. Gegebenenfalls sollten den wörtlichen Protokollen Ergänzungen oder Anmerkungen hinzugefügt werden.

6.5. Fotos und Filme

Bildungsprozesse „sichtbar" machen

Das Fotografieren oder Filmen themenspezifischer Aspekte des Gruppenalltags sowie konkreter Bildungsprozesse oder Werke einzelner Kinder ist eine besonders anschauliche Methode der Dokumentation. Viele Inhalte könnten durch wörtliche Schilderungen nicht annähernd so gut dargestellt werden, wie das mittels Film oder Foto gelingt. Wer könnte z. B. eine Bewegungsbaustelle oder das Austreiben und Heranwachsen selbst gepflanzter Blumen hinreichend „beschreiben"?
Fotos spielen auch bei der Gestaltung von Portfolios eine wichtige Rolle: Mit Hilfe der Bilder können die Kinder ihre eigenen Entwicklungsschritte nachvollziehen

und/oder sich an bestimmte Situationen und damit verknüpfte Gefühle erinnern. Im Rahmen der Bildungspartnerschaft sind Fotos und Filme sehr geeignet, um die Eltern über die Bildungsarbeit im Kindergarten zu informieren und Bildungsprozesse transparent zu machen. Fotos können beispielsweise für die Herstellung von Fotobilderbüchern bzw. -mappen oder Wandzeitungen verwendet werden. Filme, die am Ende des Kindergartenjahres zusammengeschnitten werden, dienen Kindern und Eltern als Erinnerung und Jahresrückblick.

Fotos und Filme für die Öffentlichkeitsarbeit

Darüber hinaus sind Videofilme eine wichtige Grundlage der Reflexion im Team: „Viele Unsicherheiten können durch nochmaliges Anschauen beseitigt, viele Fragen können so geklärt werden. Außerdem fallen bei jedem Betrachten neue Einzelheiten auf, die vorher noch nicht sichtbar waren, weil zunächst andere Dinge ins Auge stachen." (Strätz & Demandewitz, 2005, S. 119). Besonders das eigene Erziehungsverhalten und der eigene Sprachgebrauch können mit Hilfe von Filmsequenzen oder Tonbändern gut analysiert und reflektiert werden.

6.6. Lerngeschichten

Bildungsprozesse erzählend beschreiben

„Learning Stories", die von Carr (2001) in Neuseeland entwickelt wurden, entstehen aus der kurzzeitigen Beobachtung eines Kindes in einer Alltagssituation. Die Erfahrungen und Aktivitäten dieses Kindes werden im Anschluss an die Beobachtung als Geschichte oder in einer anderen Textform niedergeschrieben. Dabei wird analysiert, welche Bildungsprozesse und Lerndispositionen des Kindes zu erkennen sind. Lerndispositionen werden als grundlegende Voraussetzungen für Lernprozesse verstanden, die notwendig sind, um sich selbstständig neues Wissen anzueignen. Dazu zählen:

- interessiert sein,
- engagiert sein,
- standhalten bei Herausforderungen,
- sich ausdrücken und mitteilen,
- an der Lerngemeinschaft mitwirken (Leu, 2002; Flämig, 2006).

Die Lerngeschichten werden im Team diskutiert, um im Sinne einer transaktionalen Bildungsarbeit angemessene Reaktionen auf die Entwicklung und die Bedürfnisse der Kinder zu überlegen und sie dabei zu unterstützen, ihre Lerndispositionen weiterzuentwickeln. Lerngeschichten eignen sich besonders gut als Bestandteile eines Portfolios. Sie können durch Fotos ergänzt werden und auch gemeinsam mit den Kindern gelesen und reflektiert werden (Flämig, 2006; Hartmann et al., in Druck).

6.7. Entwicklungsberichte

Entwicklungsverläufe dokumentieren

Entwicklungsberichte befassen sich stets mit einem bestimmten Kind und dessen Entwicklung. Sie dokumentieren Lern- und Entwicklungsschritte, Bildungsprozesse, soziale Beziehungen und besondere Fähigkeiten des Kindes. Dabei wird viel Augenmerk auf jene Kompetenzen gelegt, die ein Kind bereits erworben hat. Aber auch eventuelle Entwicklungsverzögerungen und besondere Bedürfnisse kommen in Entwicklungsberichten zum Ausdruck. Selbst erstellte Beobachtungsformulare können für die strukturierte Dokumentation der kindlichen Entwicklung hilfreich sein.

Schwerpunkte setzen

Entwicklungsberichte werden mit unterschiedlichen Zielsetzungen verfasst und sollten dementsprechend unterschiedliche Schwerpunkte aufweisen: Sie dienen zur Information von Kolleginnen und Kollegen innerhalb des Kindergartens oder zur Verdeutlichung von Entwicklungsfortschritten und Bedürfnissen der Kinder gegenüber den Eltern. Sie können auch für die Kinder selbst formuliert werden, um ihnen Rückmeldung über ihre Lernprozesse zu geben. Bei besonderen Fragestellungen – etwa wenn eine vorzeitige Einschulung diskutiert wird oder ein Kind besondere Förderung außerhalb des Kindergartens erhalten soll – können sich Entwicklungsberichte auch an andere Fachkräfte richten. Werden solche Unterlagen weitergegeben, wie z. B. an Lehrkräfte, das Jugendamt oder therapeutische Einrichtungen, ist jeweils das Einverständnis der Eltern nötig.
Weiss (2007) empfiehlt, zumindest einmal jährlich für jedes Kind einen Entwicklungsbericht zu verfassen, selbst wenn dies ausschließlich zur Dokumentation innerhalb der Einrichtung dient.

6.8. Portfolio

Bildungsbiografien veranschaulichen

Das Wort „Portfolio“ kommt aus dem Lateinischen und bezeichnet eine Mappe, in der Blätter gesammelt werden können. Ein Portfolio veranschaulicht die Bildungsbiografie eines Kindes auf differenzierte Weise, macht diese für die Betrachterinnen und Betrachter nachvollziehbar und dient zur Reflexion über die Lernerfahrungen der Kinder. Es stellt eine strukturierte Sammlung verschiedener Entwicklungsdokumente dar: Dazu zählen z. B. Zeichnungen, Fotos der Kinder bei verschiedenen Tätigkeiten oder Fotos ihrer Werke, Schreibversuche der Kinder, wörtliche Protokolle, Beobachtungsnotizen der Pädagoginnen und Pädagogen, Lerngeschichten, Entwicklungsberichte etc. Die Kinder können die Erwachsenen auch bitten, etwas für sie aufzuschreiben und dem Portfolio beizufügen.

Dokumentation als Reflexionsgrundlage

In der Auseinandersetzung mit ihrem Portfolio werden die Kinder dazu angeregt, über ihre individuellen Lerninhalte, -strategien und -ziele zu reflektieren. Ihnen wird dabei „bewusst und erfahrbar gemacht, wo ihre Interessensschwerpunkte liegen, wo sie Stärken haben, was sie schon können und wo sie noch lernen sollten, wie sie Probleme lösen und ihre eigenen Strategien zur Bewältigung des Alltags entwickeln können" (Groot-Wilken, 2007, S. 15). Diese Form der Dokumentation sollte den Kindern daher jederzeit zur Verfügung stehen, um darin zu blättern, sie gemeinsam mit ihren Eltern zu betrachten, sich zu erinnern und sich der eigenen Kompetenzen und Lernfortschritte bewusst zu werden.

Gestaltung von Portfolios

Portfolios können auf verschiedenste Art gestaltet werden, etwa als offene Mappen, die ständig erweitert werden, als Buch gebunden oder in einer schönen Schachtel gesammelt. Werden die Kinder weitgehend in die Auswahl der Inhalte für das Portfolio und in seine Ausgestaltung mit einbezogen, so ist dies ein Zeichen besonderen Respekts gegenüber ihrer Perspektive. Auch Fotos, Notizen oder Briefe der Eltern können in ein Portfolio integriert werden.

Buchtipps

- Krok und Lindewald (2005) stellen das schwedische Modell der Portfolioarbeit vor.
- Anregungen für fantasievolle und unkonventionelle Dokumentationen, wie z. B. ein Leporello, ein Zackbuch oder Abschiedsalben, finden sich im Buch „Kreative Dokumentation" (Jacobs, 2007).

Grundlagen des Lernens

Wissen über neurobiologische Grundlagen

Der Kindergarten als Bildungseinrichtung hat die Aufgabe, Kinder beim Lernen zu begleiten und ihre Bildungsprozesse bestmöglich zu unterstützen und zu fördern. Die Erkenntnisse der neurobiologischen Forschung tragen entscheidend dazu bei, kindliche Lernprozesse und die Vorgänge, die dabei im Gehirn ablaufen, verstehen zu können. Dieses Wissen dient Pädagoginnen und Pädagogen als Grundlage für die Planung ihres pädagogischen Handelns bzw. für die adäquate Gestaltung von Lernsituationen.

1. ENTWICKLUNG DES GEHIRNS

Kommunikation der Nervenzellen

Kinder lernen vom Beginn ihres Lebens an – also bereits im Mutterleib – in einem rasanten Tempo. Obwohl das Gehirn eines Neugeborenen nur etwa ein Viertel des Gehirns eines Erwachsenen wiegt, verfügt es bereits über die gleiche Anzahl an Nervenzellen (Neuronen), nämlich rund 100 Milliarden. Allerdings sind diese Neuronen noch klein und wenig vernetzt. Neuronen kommunizieren über sogenannte Synapsen miteinander, und zwar durch den Austausch von Neurotransmittern bzw. durch elektrische Impulse. Die Weiterleitung von Informationen geht dabei in einem atemberaubenden Tempo vor sich, das umgerechnet bis zu 135 Metern pro Sekunde entsprechen würde (Liebertz, 2001).

Entstehung neuronaler Netzwerke

Zum Zeitpunkt der Geburt sind im menschlichen Gehirn nur jene Verschaltungen ausgebildet, die zur Aufrechterhaltung lebenswichtiger körperlicher Prozesse notwendig sind. In den ersten Lebensjahren werden unaufhörlich Synapsen zur Kommunikation der Nervenzellen ausgebildet. Die dabei entstehenden neuronalen Netzwerke werden immer komplexer. Ein zweijähriges Kind verfügt bereits über ebenso viele Synapsen wie ein Erwachsener. Im Alter von drei Jahren sind sogar etwa doppelt so viele Synapsen wie beim Erwachsenen vorhanden, die dann bis zum 10. Lebensjahr relativ konstant bleiben und erst im Jugendalter wieder abgebaut werden. Das bedeutet auch, dass das Gehirn von Kindern im Kindergarten- und Grundschulalter etwa doppelt so aktiv ist wie bei älteren Kindern und Erwachsenen.

Wozu brauchen Kinder ein solches Ausmaß an Kommunikation und Aktivität ihres Gehirns, wenn ein beträchtlicher Teil doch wieder verloren geht? Die enorme Menge an Synapsen ist der Grund für die außerordentliche Lern- und Leistungsfähigkeit von Säuglingen und Kleinkindern. In diesem Zusammenhang spricht man von der neuronalen Plastizität des Gehirns: Das Gehirn ist in der Lage, sich wechselnden Umweltbedingungen optimal anzupassen. Junge Kinder sind für praktisch alle Kulturen, Sprachen und Fertigkeiten noch offen und lernbereit. Während sie in raschem Tempo neue Fähigkeiten, Verhaltensweisen, Sprachen etc. erlernen, besteht die Aufgabe des Gehirns in weiterer Folge darin, benötigte Nervenverbindungen zu intensivieren. Synapsen, die für die Lebenswelt der Kinder nicht relevant sind, werden reduziert oder wieder abgebaut. Eine anregungsreiche Umwelt ist daher wichtig, um möglichst viele synaptische Verbindungen zu „benutzen" und damit zu erhalten.

Neuronale Plastizität des Gehirns

Häufig werden die Begriffe „sensible Phasen" oder „Entwicklungsfenster" gebraucht. Damit ist gemeint, dass Kinder während bestimmter Zeitphasen besonders offen für die Entwicklung bestimmter Fähigkeiten sind. Diese Zeitfenster gehen mit der genetisch festgelegten Überproduktion von Synapsen in einzelnen Teilen des Gehirns einher. Neuronale Netzwerke können in dieser Zeit besonders leicht gefestigt oder umgestaltet werden. Auf Hirnregionen, die für die visuelle Wahrnehmung zuständig sind, trifft das etwa bereits in den ersten Lebensmonaten zu. Bereiche im Gehirn, die für den Spracherwerb wesentlich sind, sind bis zum 7. Lebensjahr besonders aktiv. Das bedeutet keinesfalls, dass die entsprechenden Fähigkeiten in höherem Alter nicht mehr erworben werden können – allerdings fällt es während der sensiblen Phasen wesentlich leichter. Es ist wissenschaftlich belegt, dass Verbindungen zwischen Neuronen bis ins hohe Alter neu gebildet werden können (Textor, 2002). So ist etwa der Fremdsprachenerwerb natürlich auch noch nach der sensiblen Phase für die Sprachentwicklung möglich, bei Erwachsenen bleibt aber z. B. häufig ein gewisser Akzent bestehen (Eliot, 2003).

Sensible Phasen für Entwicklungsbereiche

Lernen ist in jedem Alter möglich

Kraus (2006) warnt davor, junge Kinder aus Angst, eine Entwicklungschance zu verpassen, mit einem Überangebot an Lernanregungen und Förderarrangements zu überfrachten. „Es sollte demnach ausreichen, wenn Eltern und Erzieher darauf achten, wofür sich das Kind jeweils interessiert und wonach es verlangt. Kinder sind in der Regel neugierig genug, um sich das zu holen, was sie brauchen" (S. 147). Dazu benötigen sie natürlich ein gewisses Ausmaß an Lernanregungen, aus dem sie gemäß ihren Interessen wählen können. Bei Angeboten im Kindergarten ist neben einer anregungsreichen Umgebung und der Berücksichtigung frühkindlicher Lernformen auch genügend Zeit wichtig: Zeit, die Kinder benötigen, um sich mit Bildungsangeboten ohne Unterbrechungen – soweit dies der Tagesablauf zulässt – intensiv auseinanderzusetzen.

Orientierung von Lernangeboten an der kindlichen Entwicklung

2. ANLAGE-UMWELT-DISKUSSION

Determinanten der Intelligenz

Die psychologische Forschung beschäftigt sich schon lange mit der Frage, in welchem Ausmaß die Lernkapazitäten eines Kindes angeboren, also von Anfang an festgelegt bzw. durch die Umwelt beeinflusst sind. Die Neurobiologin Eliot (2003) meint dazu, dass der Intelligenzquotient (IQ) eines Menschen zu etwa 50 Prozent genetisch bedingt ist. Allerdings ist dabei zu bedenken, dass der IQ ja nur eines von mehreren Maßen der Intelligenz darstellt. Auch die Gedächtniskapazität und die Geschwindigkeit der neuronalen Verarbeitung sind Determinanten der Intelligenz, die im Unterschied zum IQ in einem geringeren Ausmaß genetisch festgelegt sind.

Bedeutung von Förderung und Ermutigung

Wie Studien an Zwillingen oder Adoptivkindern zeigen, ist der schulische Erfolg eines Kindes sogar nur zu etwa 20 Prozent durch seinen IQ vorhersagbar (Thompson et al., 1991, zit. nach Eliot, 2003). Für eine erfolgreiche Bildungslaufbahn sind Umweltfaktoren und Austauschprozesse von weit größerer Bedeutung als die genetische Ausstattung: Dazu zählen z. B. eine anregungsreiche Umgebung, Förderung und Ermutigung durch die Bezugspersonen sowie die aktive Auseinandersetzung des Kindes mit seiner Umwelt.

Die Bedeutung von Lernvorbildern

Auch Lernstrategien sind Aneignungsprozesse, die im Laufe der Sozialisation im Austausch mit der Umwelt erworben werden. Diese Strategien sind in hohem Maße davon abhängig, welche Lernvorbilder und Anregungen ein Kind erlebt. Gerade bei Kindern aus bildungsfernen Familien ist es Aufgabe des Kindergartens, kompensatorisch zu wirken. Das bedeutet, die Kinder mit verschiedenen erfolgreichen Lernstrategien vertraut zu machen und sie zu unterstützen, ihr Potenzial optimal auszuschöpfen.

3. GESCHLECHTSUNTERSCHIEDE

Stärken von Mädchen und Buben

Wissenschaftlerinnen und Wissenschaftler beschreiben in Zusammenhang mit der intellektuellen Entwicklung und dem Lernverhalten bestimmte Stärken und Strategien, die im Allgemeinen eher einem Geschlecht zuzuordnen sind. So beginnen Mädchen im Durchschnitt früher zu sprechen, sind sprachbegabter und schneiden bei verbal orientierten Lernaufgaben besser ab. Buben zeigen hingegen bei naturwissenschaftlichen, technischen und visuell-räumlichen Aufgaben tendenziell bessere Leistungen. Diese Phänomene sind nur zu einem Teil durch die genetische Ausstattung eines Kindes bedingt.

Rollentypische Entwicklung

Eine ebenso große Rolle spielen kulturelle Faktoren wie geschlechtsspezifische Erziehung, Rollenvorbilder in der Lebensumwelt der Kinder oder in den Medien. Durch die bevorzugten Spielbereiche von Mädchen und Buben verstärken sich diese rollentypischen Entwicklungen noch zusätzlich.

So spielen Mädchen gerne im Wohn- und Familienbereich, wodurch wiederum ihre sprachlichen und sozialen Kompetenzen gestärkt werden. Buben entwickeln beim Bauen und Konstruieren sowie beim Sport ihre visuell-räumlichen und technischen Fähigkeiten in besonderem Ausmaß (Textor, 2002). Ihre Rollenspiele sind häufig durch Szenen aus dem Bereich Abenteuer und Action geprägt.

Einfluss von Erfahrungen

Eliot (2003) betont ebenfalls den Einfluss der Erfahrungen von Kindern auf ihr „geschlechtsspezifisches" Verhalten: „Tatsächlich wissen wir, dass Kinder beiderlei Geschlechts bei räumlichen Aufgaben besser abschneiden, wenn sie häufig mit dreidimensionalen Spielsachen konfrontiert sind." (S. 615). Würden sich nun alle Buben und Mädchen mit den gleichen Dingen beschäftigen, wären geschlechtsspezifische Unterschiede bei psychologischen Tests wohl weniger deutlich.

Geschlechtssensible Pädagogik

Daher ist es im Rahmen einer geschlechtssensiblen Pädagogik wichtig, allen Kindern – unabhängig von ihrem Geschlecht und frei von Bewertung – die gleichen Handlungsspielräume und Möglichkeiten für Bildungsprozesse zu eröffnen. So können sie ihre Fähigkeiten ihrem individuellen Potenzial und ihren Bedürfnissen entsprechend entwickeln und entfalten.

4. MEILENSTEINE DER ENTWICKLUNG

In der motorischen, sozial-emotionalen, sprachlichen oder kognitiven Entwicklung von Kindern geht es im Säuglings- und Kleinkindalter zunächst um das Erlernen grundlegender Verhaltensweisen und Abläufe. Im Laufe der Entwicklung werden diese durch Erfahrung, Reifung und Übung immer differenzierter und komplexer. Wesentlich dabei ist, dass jedes Kind in diesen Differenzierungsprozessen sein individuelles Tempo entwickelt.

Individuelle Entwicklungsverläufe

Entwicklung muss als lebenslanger dynamischer Interaktionsprozess zwischen den individuellen Anlagen eines Menschen und seiner sozialen Umwelt verstanden werden. Jedes Kind bringt andere genetische Voraussetzungen und vor allem andere Umweltbedingungen bezüglich seiner Familie und seiner kulturellen Umgebung mit, die seine Entwicklung stark beeinflussen. Entwicklung ist also ein Prozess mit hoher individueller Variabilität. Jeder Mensch hat Stärken und Schwächen, die seine einzigartige Persönlichkeit ausmachen.

Meilensteine der Entwicklung – eine Übersicht

Alter	Grobmotorik	Feinmotorik	Kognitive Entwicklung	Sprachentwicklung
1. Lebensjahr: 0 – 6 Monate	Symmetrische Rückenlage; Heben des Kopfes in Bauchlage, Abstützen auf den Unterarmen	Faustgriff, Dinge können von einer Hand in die andere gewechselt werden; Schütteln der Rassel	Gegenstände werden betastet und mit dem Mund erforscht	Spontanes und variationsreiches Vokalisieren; Gefühlsausdruck mit der Stimme
1. Lebensjahr: 6 – 12 Monate	Drehen zwischen Bauch- und Rückenlage; freies und sicheres Sitzen; Möglichkeiten der Fortbewegung, wie Rutschen oder Krabbeln; Hochziehen zum Stehen	Gezieltes Greifen nach Gegenständen, zuerst Scherengriff (zwischen gestrecktem Daumen und Zeigefinger), dann Pinzettengriff; Aus- und Einräumen von Dingen	Tägliche Abläufe sind bekannt; Nachahmen kleiner Gesten und Mimik; gemeinsames Lernen mit Bezugsperson (Verse, Gesten etc.); Suchen versteckter Dinge; Interesse an Büchern	Vokalisieren mit längeren Silbenketten; ausdrucksvolles Plappern; Kind reagiert auf seinen Namen
2. Lebensjahr: 12 – 18 Monate	Kind kommt aus Rücken- oder Bauchlage selbst zum Sitzen; freies, sicheres Gehen, ev. noch etwas breitbeinig	Bewusstes und genaues Benutzen der Zeigefinger; Greifen von sehr kleinen Gegenständen; 2 – 3 Klötzchen können aufeinander gesetzt werden; Kind isst mit dem Löffel, trinkt aus der Tasse; kritzelt	Gegenstände werden auf ihre Verwendbarkeit überprüft, kleine Rollenspiele mit sich selbst (Telefonieren, Kämmen etc.); erkennt Bilder von Gegenständen	Erste Wörter werden gebildet, Einwortsprache; einfache Aufträge oder Fragen werden verstanden; Bilder in einem Buch können auf Aufforderung gezeigt werden
2. Lebensjahr: 18 – 24 Monate	Beim Gehen können Gegenstände vom Boden aufgehoben werden, ohne dass das Kind umfällt; Bewältigen von Treppen mit Anhalten und „Nachstellschritt“	Halten von Stiften möglich, meist mit Faust- oder Pinselgriff (mit 3 Fingern); alleine essen; Ziehen und Schieben von Spielzeug	Konzentriertes Hantieren mit Gegenständen, Ein- und Ausräumen etc. über ca. 15 Minuten möglich; kleine Rollenspiele mit Puppen, Autos; Kind zeigt auf Körperteile	Aktiver Wortschatz 10 – 50 Wörter, passiver Wortschatz ca. 200 Wörter; gegen Ende des zweiten Lebensjahres Beginn der Zweiwortsätze; erstes Fragen

Alter	Grobmotorik	Feinmotorik	Kognitive Entwicklung	Sprachentwicklung
3. Lebensjahr	Gleichgewichtskontrolle soweit gegeben, dass das Kind sicher z. B. von einer Treppenstufe springen sowie laufen und dabei Hindernissen ausweichen kann	Buchseiten können umgeblättert werden; Stifthaltung mit Daumen, Zeige- und Mittelfinger; präzise Manipulation kleiner Gegenstände; die bevorzugte Hand kommt vermehrt zum Einsatz	Malen und Kritzeln mit Kommentaren, erste Kopffüßler; „so tun als ob“; Imitieren; Zahlenbegriff 2	Drei- bis Fünfwortsätze; Rufnamen bzw. Ich-Form werden verwendet; Fragealter; Kind gebraucht Artikel, Plural, Fürwörter, beantwortet einfache Fragen und mag Reime und Verse
4. Lebensjahr	Selbstständiges Treppensteigen, Dreirad- oder Tretrollerfahren; Gehen auf Zehenspitzen und Balancieren mit Unterstützung; Ball Werfen und ev. Fangen; beidbeiniges Runterspringen; rhythmische Bewegungen zur Musik; Bewegungen können abrupt unterbrochen werden	Benutzen von Messer und Gabel, Brot streichen; Kind klebt, schneidet, formt aus Knete, fädelt etc.; Öffnen und Schließen von Verschlüssen; Grafomotorik: Punkte können mit Linien verbunden werden	Die geistige Aneignung der Welt tritt gegenüber der sensomotorischen in den Vordergrund; Kind versteht Gegensätze; erkennt gemeinsame Eigenschaften einer Gruppe von Dingen, beantwortet „Wozu“-Fragen; Puzzle 6 – 8 Teile	Die meisten Laute der Muttersprache werden beherrscht; Bildung komplexer Sätze; einfache Verse und Lieder; ev. entwicklungsbedingtes Stottern
5. – 6. Lebensjahr	Springen, freies Treppensteigen, Austesten eigener Grenzen, beidhändiges Ballfangen; Einbeinstand, Meistern schwieriger Bewegungsabläufe und Geschicklichkeitsübungen, wie z. B. Balancieren, Purzelbaum, Fahrrad- oder Rollschuhfahren, Fußballspielen etc.	Alltagsroutine kann alleine bewältigt werden; gerades Schneiden mit einer Kinderschere; Schreiben einzelner Buchstaben, Zahlen oder des Namens; Gestalten gut erkennbarer Bilder	Benennen von Farben; intensive Rollenspiele; Unterscheiden zwischen Wahrheit und Lüge, zwischen Absicht und Versehen, zwischen eigenen Gedanken und denen anderer; Finden kausaler Zusammenhänge	Weitgehend fehlerfreie Aussprache und Grammatik; Vergangenheitsform; Wiedergeben von Abläufen und Geschichten in richtiger zeitlicher und logischer Reihenfolge; Freude an Wortspielen und Reimen; Fragen nach der Bedeutung abstrakter Wörter; Formulieren der eigenen Meinung

Alter	Soziale Entwicklung	Emotionale Entwicklung	Sexuelle Entwicklung	Moralische Entwicklung
1. Lebensjahr: 0 – 6 Monate	Kind hält Blickkontakt; versucht Kontakt aufzunehmen	Engste Bezugspersonen werden erkannt; gelegentliche Angst im Dunkeln; Lachen und Freude	Orale Phase nach Freud: Mund als Quelle sinnlicher Erfahrungen (Saugen, Nuckeln), Haut als Tast-Fühl-Organ; positive Körpererfahrungen (Streicheln, Baden, Massieren) als Grundlage für späteres Körpergefühl und sexuelles Erleben	Liebevoller, bedürfnisorientierter und sensibler Kontakt, Aufbau einer sicheren Bindung als Basis für die moralische Entwicklung
1. Lebensjahr: 6 – 12 Monate	Kind kann von sich aus soziale Kontakte beginnen, variieren und beenden	Fremdeln bzw. 8-Monats-Angst bei nicht vertrauten Personen; Versuche, eigene Wünsche durchzusetzen; Freude über andere Kinder	Beginn der analen Phase nach Freud: Bewusstsein für Körperausscheidungen und dazugehörige Zonen	
2. Lebensjahr: 12 – 18 Monate	Begeisterung und Ausdauer für kurze Reime, Fingerspiele, Nachahmspiele; „nein“ wird verstanden	Freude über Lob und Bestätigung; kein Fremdeln mehr, aber Trennungsängste	Bewusstsein für das eigene Geschlecht; andere Menschen werden meist korrekt als weiblich/männlich eingeschätzt; Interesse an Genitalien und Begriffe dafür, Selbststimulation, um lustvolle Gefühle zu erzeugen	Forscherdrang und Wunsch nach Unabhängigkeit, Bedeutung von konsequent eingehaltenen Regeln und Grenzen
2. Lebensjahr: 18 – 24 Monate	Freude am Kontakt mit anderen Kindern, aber noch „Nebeneinanderspielen“; Nachahmen des Verhaltens anderer Menschen	Kind kann sich für 15 – 30 Minuten alleine beschäftigen, wenn die Bezugsperson in der Nähe ist; lässt sich bei Ärger recht rasch beruhigen		

Alter	Soziale Entwicklung	Emotionale Entwicklung	Sexuelle Entwicklung	Moralische Entwicklung
3. Lebensjahr	Spielen mit anderen Kindern über mindestens 5 Min. mit Sprechen und Austausch von Gegenständen, aber auch mit Streit und dem Verteidigen der eigenen Sachen; Mithelfen im Haushalt; gewisse Selbstständigkeit (Essen, Waschen etc.)	Trennung von engen Bezugspersonen für einige Stunden möglich; Vertrauensbeziehungen können zu mehreren Erwachsenen aufgebaut werden; Kind zeigt Sympathie und herzliche Gefühle z. B. für kleinere Kinder	Kontrolle des Schließmuskels und damit der Ausscheidungen; Geschlechtsbilder differenzieren sich; erste Fragen zu Sexualität, Zeugung und Geburt	Bedeutung von Freiräumen, um Eigenständigkeit und Selbstvertrauen zu entwickeln; Üben, kleine Entscheidungen zu treffen; erste Vorstellungen von angemessenem und „richtigen" Verhalten
4. Lebensjahr	Spiel in der Gruppe über längere Zeit, erste Regelspiele; Kind vergleicht sich mit anderen; weitgehende Selbstständigkeit; Bewusstsein für das eigene Geschlecht und die damit verbundenen Rollen	Bedürfnisbefriedigung kann etwas aufgeschoben werden; Kind kontrolliert negative Gefühle, macht anderen eine Freude, verbalisiert Gefühle	Phallisch-ödipale Phase nach Freud: körperlich-sexuelle Schamgefühle, aber auch Schau- und Zeigelust; Eifersucht gegenüber gleichgeschlechtlichem Elternteil; Interesse für Körper anderer	Abgrenzung und Integration als zentrale Entwicklungsbedürfnisse; Wunsch zu gefallen, mitzuhelfen, Bereitschaft, sich an Regeln zu halten; grundlegende moralische Begriffe wie gut, böse, lieb, schlimm sind bekannt und werden internalisiert
5. – 6. Lebensjahr	Tauschen und Teilen ist möglich; gegenseitiges Einladen mit anderen Kindern; Unterscheiden zwischen Absicht und Versehen auch bei anderen Kindern, Versöhnung ist möglich; Konsequenzen einer Handlung können im Voraus abgesehen werden	Kind kann auch über beschämende Ereignisse berichten, gibt moralische Urteile ab, drückt Bedauern aus, beschäftigt sich mit der eigenen Identität und mit dem Tod; Identifikation mit anderen Personen	Rollenspiele zum Einüben geschlechtsbezogenen Rollenverhaltens; Doktorspiele zur Befriedigung natürlicher Neugierde; tiefe Freundschaften mit Gleichaltrigen. Im 6. Lebensjahr oft soziale Konzentration auf das eigene Geschlecht und Abwertung des anderen, ev. überzogene geschlechtstypische Verhaltensweisen; Interesse an Schimpfwörtern und sexuellen Anzüglichkeiten	Präkonventionelles Stadium der moralischen Entwicklung nach Kohlberg: Das Kind urteilt nach den Gesichtspunkten von Belohnung und Bestrafung bzw. nach dem Schema „Wie du mir, so ich dir" – gut ist, was belohnt wird, Gerechtigkeit wird betont

Entwicklungspsychologinnen und -psychologen sind sich darin einig, dass zur Orientierung gewisse Meilensteine oder Grenzsteine der Entwicklung zu beachten sind. Michaelis (2003) definiert Grenzsteine der Entwicklung als Entwicklungsziele, die von etwa 90 – 95 Prozent der Kinder bis zu einem bestimmten Alter erreicht werden. Die Grenzsteine haben eine Warnfunktion, um Entwicklungsverzögerungen rechtzeitig erkennen zu können. Kinder, die über eine oder mehrere dieser definierten Fähigkeiten nicht im entsprechenden Alter verfügen, sollten im jeweiligen Entwicklungsbereich genau beobachtet werden. Wesentlich ist es, diese Beobachtungen an die Eltern weiterzugeben. Gegebenenfalls ist eine fachliche Abklärung notwendig.
Die vorangehende Übersicht beschreibt Meilensteine der Entwicklung von der Geburt bis zum 6. Lebensjahr (vgl. Beller & Beller, 2006; Lueger, 2005; Michaelis, 2003; Lickona, 1998; Kohlberg, 1964; Freud, 1935; Bundeszentrale für gesundheitliche Aufklärung, o. J.).

5. ASPEKTE DES LERNENS

Lernen durch Erfahrungen

Lernen ist ein aktiver Vorgang. Kinder lernen, „indem sie sich zu dem, was sie erfahren und was es in der Welt zu entdecken gibt, in Beziehung setzen" (Hüther, 2006, S. 80). Dies entspricht dem Prozess der Subjektivierung im Transaktionsansatz (Hartmann et al., 2006). Beim Lernen werden neue Inhalte und Anforderungen vom Gehirn mit bereits existierenden Strukturen in Verbindung gebracht. Dadurch stärken, verändern oder erweitern sich neuronale Netzwerke in einem ständigen Prozess der Wechselwirkung und gegenseitigen Beeinflussung zwischen bereits Bekanntem und Neuem. Man spricht hier von der Selbstorganisation des Gehirns.

5.1. Gedächtnis

Das Mehrspeichermodell

Lernen bedeutet auch, Informationen im Gedächtnis abzuspeichern und wieder abrufen zu können. In der neuropsychologischen Forschung steht das sogenannte Mehrspeichermodell des Gedächtnisses im Vordergrund, bei dem nach Oerter und Montada (2002) folgende drei Gedächtnissysteme unterschieden werden:

Ultrakurzzeitgedächtnis

- Im sensorischen Gedächtnis bzw. Ultrakurzzeitgedächtnis kann eine enorme Menge an Sinneswahrnehmungen für eine sehr kurze Zeit, nämlich maximal ein Sekunde, gespeichert werden. Diese Eindrücke werden selektiert, aber noch nicht aktiv bearbeitet, und stehen dann für weitere Verarbeitungsprozesse zur Verfügung.

Kurzzeitgedächtnis

- Auch das Kurzzeitgedächtnis behält wahrgenommene Reize und Informationen nur kurze Zeit. Dies bezieht sich z. B. auf die zuletzt gehörten Worte eines Satzes oder Reimes. Da hier eine erste Bearbeitung stattfindet, wird dieses Speichersystem auch Arbeitsspeicher genannt. Das Kurzzeitgedächtnis umfasst etwa 7 Elemente, seine Kapazität kann aber z. B. durch das Zusammenfassen einzelner Elemente zu sinnvollen Einheiten erhöht werden.

Durch das sensorische Gedächtnis und das Kurzzeitgedächtnis ist kontinuierliches Erleben möglich, da sich die unzähligen Einzeleindrücke, die ununterbrochen wahrgenommen werden, zu einem „Wahrnehmungsfluss" verbinden (Fürstler & Hausmann, 2002, S. 85).

Langzeitgedächtnis

- Die dauerhafte Speicherung von Lern- und Erfahrungsinhalten wird im Langzeitgedächtnis ermöglicht. Dort wird jenes Wissen gespeichert, das in einer aktuellen Situation oder Lebensphase häufig benötigt und aktiviert wird, wie z. B. alle Erfahrungen, die Kinder während des gemeinsamen Zubereitens einer Mahlzeit machen. Aber auch jene Inhalte, die mit bereits vergangenen Erfahrungen zu tun haben – wie etwa die Erinnerungen an bestimmte Ereignisse – bleiben im Langzeitgedächtnis abgelegt und können zu späteren Zeitpunkten wieder aktiviert werden.

In regen Austauschprozessen zwischen Kurzzeit- und Langzeitgedächtnis werden einerseits Inhalte zur dauerhaften Speicherung weitergeleitet, andererseits kann das Kurzzeitgedächtnis auch Informationen aus dem Langzeitgedächtnis abrufen, um diese mit neuen Informationen zu vergleichen.

Gedächtnisleistungen durch positiven Transfer unterstützen

Die Gedächtnisleistung kann z. B. durch positiven Transfer beeinflusst werden: Das bedeutet, dass Kompetenzen und Strategien, die in vorangegangenen, ähnlichen Lernsituationen erworben wurden, das gegenwärtige Lernen erleichtern (Konecny & Leitner, 2006). Hier ist es wichtig, metakognitive Prozesse der Kinder zu unterstützen und gemeinsam darüber zu reflektieren, was sie soeben Neues gelernt haben und inwieweit sie dies mit etwas, das sie schon kennen, in Verbindung bringen können. Positiver Transfer betrifft z. B. auch motorische Fertigkeiten. So ist etwa das Gefühl für Balance, das beim Rollerfahren erworben wird, für viele andere Bewegungsarten wie Rad- oder Schifahren wichtig und förderlich. Negativer Transfer findet dann statt, wenn sich bereits Gelerntes hemmend auf neue, ähnliche Lernprozesse auswirkt – z. B. wenn unmittelbar hintereinander zwei Gedichte gelernt werden sollen.

5.2. Motivation und Interesse

Motivation und Neugierde beeinflussen das Lernen

Die Ergebnisse der neurobiologischen Forschung haben gezeigt, wie eng Lernprozesse mit Motivation und Emotionen verbunden sind. Die Motivation zum Lernen, das Interesse an einem Inhalt und das Bedürfnis sich damit auseinanderzusetzen, sind wichtige Grundvoraussetzungen für Lernprozesse. „Die Motivationspsychologie zeigt auf, dass Kinder bereits im frühesten Alter ein starkes Bedürfnis haben, konstruktiv und aktiv mit ihrer Umwelt zu interagieren. Neugierde, Freude an der Aktivität und die Ausbildung von Interessen motivieren von Anfang an das kindliche Verhalten.“ (Hartmann et al., 2006, S. 63). Zusätzlich bildet sich bereits bei Einjährigen das Motiv nach Selbstständigkeit heraus – Kinder wollen Situationen alleine bewältigen, um sich als Urheberinnen und Urheber eines Effektes bzw. als selbstwirksam zu erleben.

Das limbische System ist Sitz der Emotionen

Die Region im menschlichen Gehirn, die in diesem Zusammenhang eine bedeutende Rolle spielt, ist das limbische System. Das limbische System steuert etwa über die Ausschüttung von Neurotransmittern Aufmerksamkeit, Interesse und Motivation. Das Zusammenspiel konkreter Situationen und dabei entstandener Gefühle wird hier abgespeichert. Lernsituationen können eher erfolgreich bewältigt werden, wenn sie vom limbischen System mit positiven Vorerfahrungen in Zusammenhang gebracht und daher als interessant und lohnenswert beurteilt werden (Roth, 2006).

Intrinsisch motiviertes Lernen

Beim Spiel, das die vorherrschende Lernform im Kindergartenalter darstellt, sind Kinder intrinsisch, also von sich aus motiviert. Dies ist die beste Basis für erfolgreiches Lernen. Textor (2002) betont, dass Kinder aber auch erfahren müssen, „wie man Lernen plant und selbst überwacht, wie man sich Wissen aneignet und überprüft, welche Lernstrategien erfolgversprechend sind, wo die eigenen Stärken und Schwächen liegen, wie man das Gelernte durchdenkt und erinnert. Sie müssen wissen, dass Lernen Sich-Anstrengen bedeutet, und sollten somit Lern- und Leistungsmotivation entwickelt haben.“

5.3. Aufmerksamkeit und Konzentration

Aufmerksamkeit als Grundlage des Lernens

Jeder Mensch ist ständig mit einer Menge von Reizen und Sinneswahrnehmungen konfrontiert. Um das gerade Wesentliche herausfiltern und zum Lernen nutzen zu können, sind unterschiedliche Aufmerksamkeitsleistungen nötig. In der Neuropsychologie werden zwei Formen der Aufmerksamkeit beschrieben:

Die Umwelt beachten

- Vigilität bezeichnet einen Zustand hoher Wachsamkeit, z. B. wenn ein Kind mit einem Fahrzeug im Garten fährt und auf die anderen Kinder achten bzw. auf unerwartete Hindernisse reagieren muss.

Sich vertiefen

- Tenazität meint die Fähigkeit, sich in einen Inhalt vertiefen und dabei alle anderen Reize ausschalten zu können. Dabei spielt der Mechanismus der Habituation eine wesentliche Rolle, der differenziert, welche Reize wichtig oder unwichtig sind. Diese Form der Aufmerksamkeit ist etwa dann notwendig, wenn ein Buch betrachtet oder ein Puzzle gelegt wird (Berger, Friedrich & Schuch, 1985).

Untrennbar verbunden mit der Fähigkeit zur Aufmerksamkeit ist die Konzentration, die als aktiver und zielgerichteter Verarbeitungsprozess beschrieben wird. In der Psychologie werden nach Pfluger-Jakob (2006) folgende Aspekte der Konzentration unterschieden:

Unwesentliches und Wesentliches trennen

- Reizselektion und Figur-Hintergrund-Wahrnehmung: Durch Reizselektion ist ein Kind fähig, aus der Fülle ununterbrochener Reize und Wahrnehmungen jene auszublenden, die gerade unwichtig sind. Mittels Figur-Hintergrund-Wahrnehmung gelingt es, jene Reize hervorzuheben, die für eine bestimmte Situation bedeutsam sind. Diese Fähigkeiten sind besonders wichtig, um eine Situation sinnvoll erfassen und verstehen zu können oder um über längere Zeit konzentriert tätig sein zu können, z. B. während einer Buchbetrachtung oder beim Puzzlespiel.

Fähigkeit zur Willenshandlung

- Selbstkontrolle und Fähigkeit zur Willenshandlung im Sinne der gerichteten Aufmerksamkeit: Dadurch ist ein Kind z. B. in der Lage, gezielt an eine Aufgabe heranzugehen, Angefangenes zu Ende zu führen oder zu warten, bis es an der Reihe ist.

Erregungsniveau des Gehirns

- Aktivierung, also das Erregungsniveau des Gehirns: Die qualitativ besten Konzentrationsleistungen werden bei mittlerem Aktivierungsniveau erzielt. Zu niedrige Aktivierung steht mit Unterforderung oder fehlender Motivation in Zusammenhang, zu hohe Aktivierung, wie etwa bei Überforderung oder Angst, führt ebenfalls zu schlechten Lernleistungen (vgl. Kapitel Didaktik der Kindergartenpädagogik).

Fähigkeit zur Reihenbildung

- Nach Pfluger-Jakob (2006) sind zusätzlich seriale Wahrnehmungsprozesse, also die Fähigkeit zur Reihenbildung, notwendige Voraussetzungen für gute Konzentrationsleistungen. Diese ermöglichen z. B. das Verständnis zeitlicher Zusammenhänge während des Tagesablaufs. Auch geordnete (Handlungs-) Abläufe, wie etwa beim Anziehen oder beim Erzählen, sowie die korrekte Speicherung von Erfahrungen und Lerninhalten sind ohne das Erfassen des Zusammenhangs und damit ohne die Fähigkeit zur Serialität nicht möglich.

Im Rahmen der Bildungsarbeit im Kindergarten ist u. a. darauf zu achten, dass

Ruhe und Konzentration

nicht zu viele Reize auf die Kinder einströmen – z. B. durch einen überfüllten Raum. Eine optimale Nutzung der Räumlichkeiten sowie eine durchdachte Anordnung der Spiel- und Funktionsbereiche tragen dazu bei, dass sich die Kinder in Ruhe mit Bildungsangeboten auseinandersetzen können.
Vor allem Kinder im letzten Kindergartenjahr sollten die Fähigkeit zur Konzentration zunehmend entwickeln. Treten im Kindergarten Konzentrations- und Aufmerksamkeitsprobleme auf – wenn z. B. Kinder kaum eine altersentsprechende Tätigkeit beenden können oder sich durch kleinste Störungen immer wieder ablenken lassen – ist aufmerksame Beobachtung durch die Pädagoginnen und Pädagogen notwendig. Neben der Information und Beratung der Eltern über die Beobachtungen ist es häufig hilfreich, mit Einverständnis der Eltern externe Expertinnen und Experten beizuziehen.

5.4. Bedeutung von Wiederholungen

Nachhaltigkeit durch Wiederholen

Durch Wiederholung und Üben verfestigen sich sinnvolle Synapsenverbindungen. Wichtige Handlungsabläufe werden auf diese Weise zunehmend automatisiert und Lerninhalte im Langzeitgedächtnis abgespeichert. Schirp (2006) betont, dass Wiederholungen durchaus mit kleinen Variationen durchgeführt werden sollten, damit sich eine breitere neuronale Repräsentanz eines Inhaltes entwickeln kann. Beispielsweise treibt ein Kind seine motorische Entwicklung selbst voran, indem es jede Gelegenheit benutzt, wo hinaufzuklettern und wieder hinunterzuspringen. Auch ständig wiederkehrende Handlungsabläufe im Alltag, wie etwa das Zähneputzen, prägen sich ein und werden zunehmend automatisiert. Bildungsangebote im Kindergarten sind meist umso nachhaltiger, je öfter sie vertieft werden.
Dabei ist die Bedeutung des Kindergartenalltags besonders hervorzuheben (Bäck et al., 2006). Spitzer (2006) beschreibt in diesem Zusammenhang sogenannte Gedächtnisspuren, die etwa beim Werken durch den wiederholten Gebrauch der Handmotorik und den Umgang mit Werkzeugen entstehen. Dadurch erfahren Synapsenverbindungen eine zunehmende Stärkung und können bei ähnlichen Tätigkeiten leichter wieder aktiviert werden.

Entstehung von Gedächtnisspuren

5.5. Ganzheitlichkeit

Vernetzungen im Gehirn

Lernprozesse finden bereits vor der Geburt statt. Die dabei entstehenden neuronalen Netzwerke spezialisieren sich zunehmend auf bestimmte Funktionen, wobei bei jeder Tätigkeit, jedem Bildungsprozess viele dieser spezialisierten Areale zusammenarbeiten: So hat beinahe jede Handlung eine akustische, eine optische und/

oder eine taktile Komponente, die miteinander verknüpft werden. Neu erworbene Fähigkeiten und Kenntnisse werden wiederum in unterschiedlichen Netzwerken abgespeichert und integriert.

Mit allen Sinnen lernen

Deshalb sind auch ganzheitliche Bildungsprozesse besonders erfolgreich, die unterschiedliche Sinneskanäle und Verarbeitungsformen ansprechen, indem den Kindern z. B. reale Anschauungsmaterialien zur Verfügung gestellt werden. Kinder lernen dann „optimal und effektiv, wenn möglichst viele Sinne und beide Gehirnhälften eine gelungene Symbiose eingehen" (Liebertz, 2001; vgl. Kapitel Didaktik der Kindergartenpädagogik).

Entwicklung der Gesamtpersönlichkeit

Vielen Möglichkeiten zum Erfahren, Handeln, Entdecken, Ausprobieren, Nachahmen und Reflektieren unterstützen das Lernen mit allen Sinnen und sprechen die Emotionen der Kinder an. Nach Liebertz (2001) ist Lernen als „ganzheitlicher Reifungsprozess von Geist, Körper und Psyche zu verstehen, als ein sich ständig entwickelndes Zusammenspiel von Sinneswahrnehmungen, Denkleistungen, Bewegungsabläufen und Gefühlen."

5.6. Bedeutung der Kreativität

Logik und Kreativität

Kreativität kommt in flexiblen, originellen bzw. divergenten Denkprozessen zum Ausdruck, die alternative Lösungsmöglichkeiten zulassen. In unserer Gesellschaft wird dem logischen Denken oftmals mehr Aufmerksamkeit gewidmet als der Kreativität. Logisches bzw. konvergentes Denken hat das Ziel, die richtige Bewältigungsstrategie für Lernherausforderungen zu finden.

Menschen, die in beiden Arten zu denken geübt sind, können flexibler mit Problemen umgehen und auf unterschiedliche Lösungsmöglichkeiten zurückgreifen.

Förderung von kreativem Denken im Kindergarten

Im Kindergarten sollte deshalb darauf geachtet werden, dass kreative Prozesse gefördert und nicht unterbunden werden. Grundelemente des kreativen Verhaltens sind u. a.: das Staunen, das Fragen bzw. das Infragestellen. Diese Basiskompetenzen sind in jedem Kind angelegt und können durch eine förderliche Umwelt weiterentwickelt werden (Becker-Textor, 1995).

5.7. Hochbegabung

Aspekte der Hochbegabung

In der aktuellen Begabungsforschung sind die intellektuellen Fähigkeiten eines Kindes nur ein Faktor unter mehreren, die zu überragenden Leistungen führen. Laut Mönks (1992) liegt dann eine Hochbegabung vor, wenn besondere intellektuelle Fähigkeiten eines Kindes in Kombination mit Aufgabenengagement und Kreativität überdurchschnittliche Leistungen auf verschiedenen Gebieten ermöglichen.

Perleth (1997) ergänzt diese Aspekte noch um soziale Kompetenz sowie künstlerische und psychomotorische Fähigkeiten, die die Begabung eines Kindes beeinflussen. Forscherinnen und Forscher sind sich zudem darüber einig, dass sich das Potenzial hoch begabter Kinder nur durch die Interaktion mit einer förderlichen Lernumwelt, die Familie, Peers und die jeweilige Bildungseinrichtung – etwa den Kindergarten – umfasst, entfalten kann. Eine psychologische Untersuchung kann dazu beitragen, sich Klarheit über das Begabungsprofil eines Kindes zu verschaffen und entsprechende Bildungsangebote zu planen.

Hoch begabte Kinder individuell fördern

Aufgabe des Kindergartens ist es, Neugierde und Lust am Lernen aufrecht zu erhalten: Bei hoch begabten Kindern werden dazu entsprechend anspruchsvollere Bildungsangebote notwendig sein, um das Auftreten von Langeweile oder Verhaltensauffälligkeiten durch Unterforderung zu vermeiden. Es ist besonders wichtig, flexibel auf die individuellen Interessen der Kinder einzugehen, ihnen passende Bildungsmittel zur Verfügung zu stellen und sie dadurch beim Erwerb von lebensnahem Wissen zu unterstützen. Gegebenenfalls wird es auch für Pädagoginnen und Pädagogen notwendig sein, sich inhaltlich fortzubilden, um geeignete Lernanregungen bieten und „schwierige Fragen" beantworten zu können.

Eine besondere Bedeutung kommt der Beratung der Eltern zu, die häufig wenig über das Thema Hochbegabung wissen und unsicher sind, wie sie angemessen auf die Bedürfnisse ihres hoch begabten Kindes eingehen können.

5.8. Emotionale Beteiligung

Positive Gefühle unterstützen Lernprozesse

Positive emotionale Beteiligung ist ein wichtiger Aspekt des Lernens. Inhalte, die Interesse, Neugierde und positive Gefühle hervorrufen, werden vom Gehirn eher in neuronalen Strukturen verankert als solche, die ein Kind ängstigen, stressen oder einfach nur langweilen. Ein enger Bezug zum Lebens- und Alltagshintergrund der Kinder ist daher ebenso wichtig für erfolgreiches Lernen wie eine kindgerechte Präsentation der Bildungsinhalte. Für Kinder mit unterschiedlichem kulturellen Hintergrund ist besonders darauf zu achten, dass auch sie Möglichkeiten zu Lernprozessen haben, die zu ihren individuellen kulturellen Erfahrungen passen.

Prozesse der Aneignung und Subjektivierung

Entsprechend ihren Vorerfahrungen verarbeiten Kinder Lerninhalte individuell. Das heißt, sie messen einzelnen Aspekten eine unterschiedliche Bedeutung zu,interpretieren sie anders und integrieren jene Inhalte in ihr Lebenskonzept, die für sie individuell passen. Nach dem Transaktionsansatz stehen bei solchen Lernprozessen Aneignung und Subjektvierung im Vordergrund (Hartmann et al., 2006). Nicht zuletzt fördert Humor nachhaltige Bildungsprozesse: Freude und Spaß beim

Lernen tragen dazu bei, dass kreative Problemlösungen gefunden und Inhalte besser abgespeichert werden (Liebertz, 2007).

Angst hemmt Lernen

Negative Emotionen, die mit einem Lerninhalt oder einer Lernsituation in Verbindung gebracht werden, hemmen das Wiederabrufen im Sinne eines negativen Transfers (Konecny & Leitner, 2006). So sind Lernprozesse, die unter dem Gefühl der Angst oder Überforderung ablaufen, wenig nachhaltig. Dabei muss beachtet werden, dass jedes Kind aufgrund seines individuellen Erfahrungshintergrundes andere emotionale Voraussetzungen mitbringt. Während etwa manche Kinder Tieren völlig angstfrei begegnen und daher von einem Projekt über Tiere am Bauernhof sehr profitieren, können negative Vorerlebnisse, z. B. mit Hunden oder Pferden, eine Lernsituation sehr ungünstig beeinflussen.

5.9. Grundbedürfnisse

Bereits in den 1950er Jahren wurde von Maslow (1954) eine Pyramide grundlegender Bedürfnisse definiert, die befriedigt sein müssen, bevor höhere Motivationen – wie etwa die Motivation zu lernen – überhaupt möglich sind. Zu diesen Grundbedürfnissen zählen die sogenannten **Defizitbedürfnisse bzw. -motive:**

Defizitbedürfnisse

- Physiologische bzw. körperliche Bedürfnisse (nach Nahrung, Ruhe und Schlaf, Bewegung etc.),
- Sicherheitsbedürfnisse (nach Stabilität und Zuverlässigkeit, nach Ordnung, Routinen und Ritualen etc.),
- Soziale Bedürfnisse (nach Zuneigung, Liebe, Kommunikation und Kontakt, Geborgenheit etc.),
- Ich-Bedürfnisse (nach Achtung, Wertschätzung, Anerkennung, Lob, Erfolg, Respekt, Wissen etc.)

Im Sinne einer Pyramide werden die nächsthöheren Motive erst dann wirksam, wenn die darunterliegenden Stufen befriedigt sind. Das betrifft also zuerst die körperlichen Bedürfnisse, erst dann kommen die Bedürfnisse nach Sicherheit zum Tragen usw.

Aufbauend auf die Defizitbedürfnisse beschreibt Maslow sogenannte **Wachstumsbedürfnisse bzw. -motive:**

Wachstumsbedürnisse

- nach Selbstverwirklichung (Kreativität, Autonomie, Entfaltung des individuellen Potenzials etc.)
- nach Transzendenz (Bedürfnis, über sich selbst hinauszuwachsen, sich als Teil der kosmischen Welt zu begreifen etc.).

Nach Maslow können persönliches Wachstum und Selbstverwirklichung sowie Transzendenz erst erreicht werden, wenn die grundlegenden Bedürfnisse eines Menschen erfüllt sind.

Abb.3: Die Bedürfnispyramide von Maslow

Maslows Pyramide

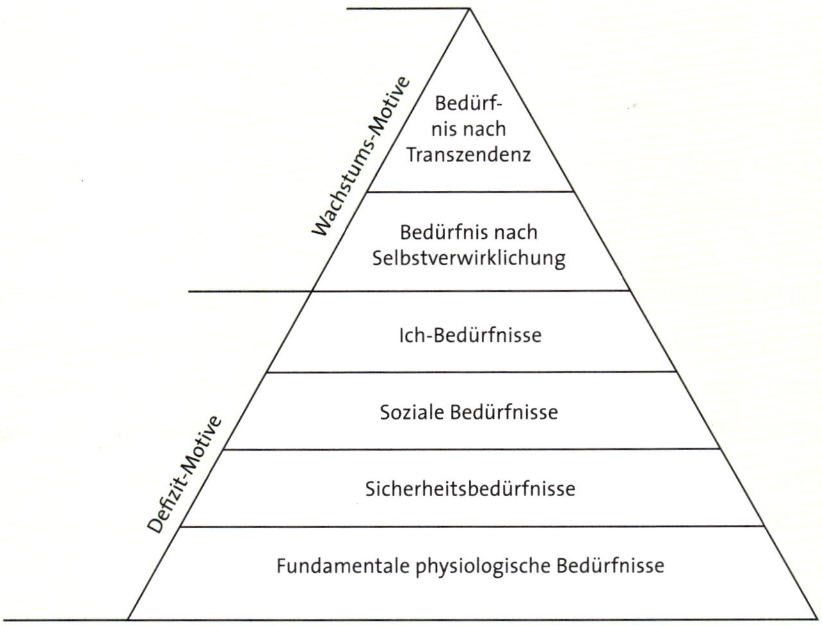

Bewegung, Ruhe und Erholung

Für Bildungsprozesse bedeutet dies, dass die Grundbedürfnisse von Kindern – z. B. nach Bewegung, ausreichend Ruhe und Schlaf etc. – befriedigt sein müssen, um konzentriert arbeiten zu können. Es muss jedoch nicht auf jede spontane Bedürfnisäußerung zu jeder Zeit eingegangen werden, etwa wenn ein Kind kurz vor der Jausenzeit Hunger hat. Vielmehr müssen Pädagoginnen und Pädagogen aufgrund ihrer fachlichen Kompetenz und Erfahrung entscheiden, ob bzw. wie lange es einem Kind zumutbar ist, ein Bedürfnis zugunsten eines laufenden Prozesses aufzuschieben. Dadurch lernen Kinder die wichtige Fähigkeit des Durchhaltevermögens.

Sicherheit und Geborgenheit als Lernvoraussetzungen

Für das Lernen ist weiters ein Klima der Sicherheit und Geborgenheit notwendig, um die nötige Offenheit und innere Ruhe zu ermöglichen. Innerhalb dieses Rahmens können Kinder selbsttätig und aktiv lernen und ihre Entwicklung vorantreiben. Erwachsene sollten als verlässliche Bezugspersonen und Kommunikationspartnerinnen und -partner zur Verfügung stehen sowie die Lern- und Denkprozesse der Kinder achten und anerkennen.

Vergegenständlichungsprozesse fördern die Identitätsentwicklung

Im Transaktionsansatz finden Wachstumsbedürfnisse insofern Berücksichtigung, als immer auch Prozesse der Vergegenständlichung anzustreben sind: Wenn Kinder kreativ und gestaltend tätig sind und eigene Werke herstellen, sind sie aktiv an der Gestaltung ihrer Umwelt beteiligt und erfahren sich als selbstwirksam. Dies ist eine wichtige Komponente bei der Entwicklung von Identität. Auch die kindlichen Fähigkeiten zum Philosophieren und zur Transzendenz sowie zur Intuition stehen in engem Zusammenhang mit der Entwicklung von Selbstkompetenz (Hartmann et al., 2006).

6. LERNEN

Selbstbestimmung durch Bildung

Lernen ist ein lebenslanger Prozess und wird als Veränderung des Verhaltensrepertoires aufgrund von neuen Erfahrungen definiert. Der Begriff Verhalten ist dabei im weiteren Sinn zu verstehen und schließt z. B. Denkprozesse mit ein. „Ziel allen Lernens ist es, immer mehr Selbstbestimmungsfähigkeit in der sozialen Lebenswelt und immer mehr Sachkompetenz zur Weltgestaltung zu gewinnen."
(Niederle, 2005b, S. 12).

Erkenntnisse der humanistischen Psychologie

Die humanistische Psychologie geht davon aus, dass Menschen über ein natürliches Potenzial zum Lernen verfügen. Lernprozesse sind besonders erfolgreich, wenn ein Lerninhalt als relevant für die eigenen Zwecke wahrgenommen wird, wenn das Lernen im Tun erfolgt und wenn die Gefühle des Menschen ebenso in einen Lernprozess einbezogen sind wie sein Intellekt. Selbstkritik und Selbstbeurteilung fördern im Gegensatz zur Beurteilung durch andere die Kreativität und das Selbstvertrauen der Lernenden (Rogers, 1979).

Lernen als transaktionaler Prozess

Beinahe jede Tätigkeit oder Situation beinhaltet eine Fülle an Lernpotenzialen. Das bedeutet, dass die meisten Lernprozesse außerhalb schulischer Unterrichtssituationen ablaufen. Menschen lernen durch den wechselseitigen Austausch mit ihrer sozialen, kulturellen und materialen Umwelt. Lernen besteht daher aus transaktionalen Prozessen. Wenn sich dabei alle transaktionalen Austauschprozesse in Balance befinden, sind gute Voraussetzungen für nachhaltiges Lernen und für psychisches Wohlbefinden gegeben (Hartmann et al., 2006).

6.1. Lernen durch Erfahren und Handeln

Lernen durch Handeln

Kinder lernen durch den handelnden Umgang mit ihrer Umwelt. Spitzer (2002) betont, dass Kinder beim Lernen viele gute und sachrichtige Beispiele brauchen. Eine Regel oder eine Handlungsstrategie wird verinnerlicht, wenn sie immer wieder erfolgreich angewendet werden kann. Dabei geht flüchtiges Wissen in Können über, das fest im Gehirn verankert ist und jederzeit aktiviert werden kann. Letztendlich hat das kindliche Gehirn selbst eine solche Regel generiert – Kinder lernen, ohne dass ihnen im engen Sinne des Wortes etwas beigebracht wird.

Lösungswege gemeinsam ausprobieren

Der handelnde Umgang mit Materialien unterschiedlichster Art ist notwendig zum Ausprobieren verschiedener Strategien und Lösungsansätze, die neues Wissen und neue Kompetenzen mit sich bringen. Das Lernen in der Kindergruppe wird als besondere Herausforderung erlebt, wenn Lösungswege gemeinsam entwickelt und ausprobiert werden. Textor (2007) schlägt vor, im Kindergarten ein Atelier, eine Werkstatt oder ein Labor anzubieten. Kinder sollten jederzeit Zugang zu einer Vielfalt auch unüblicher Materialien haben, die sie z. B. untersuchen, zerlegen oder zu Kunstwerken verarbeiten können.

6.2. Entwicklung von Kompetenz

Erweiterung von Kompetenzen

Lernanregungen und -angebote dienen dazu, die Entwicklung und Ausdifferenzierung kindlicher Kompetenzen zu unterstützen. Kompetenzentwicklung wird als dynamischer Prozess verstanden, der im wechselseitigen Austausch zwischen dem Kind und seiner Umwelt abläuft. Kompetenz gilt als die „Kapazität einer Person, mit den Ansprüchen und Möglichkeiten der Umwelt auf eine aktive und wirkungsvolle Weise umzugehen" (Hartmann et al., 2006, S. 64). Dabei hat sich in der Pädagogik die Unterteilung in Selbst-, Sozial- und Sachkompetenz (Roth, 1968) bewährt. Diese Einteilung wurde um lernmethodische Kompetenzen ergänzt:

Selbstkompetenz

- Selbstkompetenz bedeutet u. a., sich seiner selbst und seiner eigenen Fähigkeiten bewusst zu sein sowie selbstverantwortlich, eigeninitiativ und unabhängig zu handeln.

Sozialkompetenz

- Sozialkompetenz bezieht sich u. a. auf die Fähigkeit, soziale Beziehungen aufzunehmen und zu pflegen, an gesellschaftlichen Prozessen zu partizipieren sowie innerhalb einer Gruppe Verantwortung zu übernehmen.

Sachkompetenz

- Sachkompetenz meint, sich theoretisches und praktisches Wissen anzueignen, Zusammenhänge zu verstehen und in unterschiedlichen Sachbereichen urteils- und handlungsfähig zu sein.

Lernmethodische Kompetenz

- Lernmethodische Kompetenzen befähigen Menschen dazu, Bildungsprozesse selbst zu organisieren, zu reflektieren und um die eigenen Lernvoraussetzungen Bescheid zu wissen. Dies ist eine wichtige Voraussetzung für erfolgreiches lebenslanges Lernen.

Eine zentrale Rolle beim Erwerb lernmethodischer Kompetenzen spielt das Nachdenken und Reflektieren über das eigene Denken und die eigenen Lernprozesse. Dies wird als **Metakognition** bezeichnet (Flavell, 1976; Brown, 1978). Dadurch wird den Lernenden bewusst, dass sie lernen, was sie lernen und wie sie sich neue Fähigkeiten angeeignet haben. Dieses Bewusstsein ist hilfreich für die weitere Entwicklung förderlicher Lernstrategien.

Über das eigene Lernen nachdenken

Auch junge Kinder verfügen bereits über metakognitive Kompetenzen, wenn sie mit realitätsnahen Bildungssituationen konfrontiert werden. Aufbauend auf das Konzept der Metakognition wurde von der schwedischen Frühpädagogin Ingrid Pramling (1996) ein metakognitiv orientierter Ansatz speziell für den Kindergarten entwickelt.

In der Psychologie werden vier Stufen der Kompetenzentwicklung beschrieben, die durch ein stetiges Ineinandergreifen von Phasen der Inkompetenz und der Kompetenz charakterisiert sind:

Kompetenzen stufenweise entwickeln

- Unbewusste Inkompetenz meint, dass ein Individuum nicht weiß, dass es etwas nicht kann.
- Bewusste Inkompetenz meint, dass ein Individuum wahrnimmt, dass es etwas nicht kann.
- Bewusste Kompetenz: Das Individuum weiß, wie ein Problem gelöst oder ein Ziel erreicht werden kann. Die Umsetzung muss noch geübt werden und erfordert Konzentration und Bewusstheit.
- Unbewusste Kompetenz: Das Individuum hat bestimmte Fähigkeiten automatisiert und kann sie jederzeit abrufen (Oerter & Montada, 2002).

Dieses Stufenmodell bietet die Möglichkeit, sich die Kompetenzentwicklung eines Kindes in verschiedenen Bereichen bewusst zu machen. Das Ergebnis kann als Grundlage für die Planung der pädagogischen Arbeit dienen.

6.3. Lernformen

Für die Planung und Gestaltung von Bildungsprozessen ist es wichtig, dass Pädagoginnen und Pädagogen über unterschiedliche kindliche Lernformen Bescheid wissen. Eine scharfe Abgrenzung dieser Lernformen ist kaum möglich, da häufig ähnliche Prozesse – wenn auch mit anderen Schwerpunkten – ablaufen.

6.3.1. Lernen am Modell

Lernen durch Imitation

Das Lernen am Modell ist eine Form des sozialen Lernens (Bandura, 1977) und wird auch Imitations-, Beobachtungs- oder Nachahmungslernen genannt. Verhaltensweisen werden beobachtet und in das eigene Verhalten übernommen, wobei das

Lernen am Modell in der Regel nicht bewusst vollzogen wird. Verstärkung fördert das Modelllernen, es ist aber keine notwendige Bedingung, da anerkannte und idealisierte Personen auch imitiert werden, wenn das Verhalten nicht positiv verstärkt wird (Schröder, 2001).

Bereits bei ganz frühen Lernprozessen, wie etwa bei der Entwicklung der Sprache im Kleinstkindalter, ahmen Kinder das Verhalten ihrer Bezugspersonen nach. Durch positive Reaktionen werden sie motiviert, ihre neu erworbenen Fähigkeiten immer wieder zu zeigen und weiterzuentwickeln.

Modelllernen und Sozialisation

Das Lernen am Modell spielt eine wesentliche Rolle bei der Sozialisation von Kindern und Jugendlichen und ist daher in der Erziehung von großer Bedeutung. Kinder bzw. Jugendliche versuchen in diesem Prozess, ihr Verhalten und ihre Einstellungen dem allgemeinen Wertesystem anzupassen, wie z. B. das Erlernen von Selbstkontrolle oder die Fähigkeit zum Verzicht (Konecny & Leitner, 2006).

Es können aber auch unerwünschte Verhaltensweisen, wie z. B. Aggression, durch Beobachtung und Imitation übernommen werden. Entsprechende Erfahrungen aus den Medien oder der Peergroup können dabei großen Aufforderungscharakter haben.

Pädagoginnen und Pädagogen sind Lernvorbilder

Pädagoginnen und Pädagogen sollten sich ihrer Rolle als Lernvorbilder bewusst sein. Wichtig ist dabei die positive Bewertung des Lernens an sich. In jeder Lernsituation wird intuitiv abgeschätzt, ob diejenigen, die einen Inhalt vermitteln, selbst motiviert sind und sich mit ihren Aussagen identifizieren (Roth, 2006). Auch Spitzer (2002) betont, dass Lehrende, die selbst interessiert und von ihrem „Stoff" begeistert sind, das stärkste Medium darstellen.

Auch Erwachsene lernen

Erwachsene sollten sich auch selbst als Lernende und Forschende präsentieren und Mut zum „Nicht-wissen" haben. Sie können in gemeinsamen Lernprozessen mit Kindern als Lernpartnerinnen und -partner agieren und neues Wissen erwerben. Dabei finden zwischen Kindern und Erwachsenen transaktionale Austauschprozesse statt. Die Kinder profitieren davon, erfolgreiche Lernstrategien zu beobachten und nachzuvollziehen – etwa, wenn Pädagoginnen und Pädagogen etwas im Internet recherchieren oder ein Lexikon zu Rate ziehen. Textor (2007, S. 31) fordert deshalb: „Lexika, Sachbücher, Hobbyliteratur, Kunstbände, Kulturführer, Computer und Internetanschluss sollten zur Grundausstattung jedes Kindergartens gehören."

Bedeutung der Peergroup

Beim Lernen durch Beobachten und Nachahmen ist nicht nur das Modell der Erwachsenen wichtig. Besondere Bedeutung kommt hier den Peers, also der Gleichaltrigengruppe zu. Beim gemeinsamen partnerschaftlichen Handeln sind die Kinder meist hoch motiviert und geben einander wechselseitige Anregungen. Lernen wird in einem transaktionalen Bildungsverständnis ja auch als kommunikativer Austauschprozess gesehen, bei dem die Lernenden einander beeinflussen und voneinander lernen. Kinder, die z. B. über besondere Kenntnisse oder Fertigkeiten verfügen, können ihr Wissen an andere interessierte Kinder weitergeben (Textor, 2007).

Lernen durch Lehren

Studien an Geschwistern belegen auch den besonders positiven Effekt des „Lehrens": Das ist dann der Fall, wenn Kinder ihr Wissen anderen, meist jüngeren Kindern vermitteln, z. B. wenn sie ihnen etwas erklären. Dies bringt häufig eine effiziente Verstärkung ihres eigenen Wissens und Selbstbewusstseins mit sich (Eliot, 2003). In altersgemischten Kindergartengruppen finden solche Bildungsprozesse viel Raum, wenn es den Erwachsenen gelingt, sich zurückzuhalten und Interaktionen zwischen den Kindern zu fördern.

6.3.2. Lernen durch Erfolg

Instrumentelle und operante Konditionierung

Diese Lernform bezieht sich auf die gleichnamige Lerntheorie und geht auf die Versuche zur instrumentellen (Thorndike, zit. n. Zimbardo, 1992) und zur operanten Konditionierung zurück (Skinner, 1982). Nach der instrumentellen Konditionierung werden jene Verhaltensweisen gelernt, die zur Beseitigung einer Triebspannung, wie z. B. Hunger, führen. Die operante Konditionierung besagt, dass Verhalten, das positive Reaktionen bzw. Folgen nach sich zieht – also positiv verstärkt wird – als erfolgreich bewertet und deshalb immer wieder angewendet wird.

Erfolg motiviert

Lob oder positive Rückmeldungen, die ein Kind aufgrund seines Verhaltens erfährt, z. B. durch ein aufmunterndes Lächeln, tragen dazu bei, eine Aktivität zu wiederholen. Im Vordergrund sollten aber die eigenen Gefühle der Kinder stehen: Die Freude, etwas bewirkt zu haben, eine Herausforderung erfolgreich bewältigt und dabei Selbstwirksamkeit erfahren zu haben, sind die besten Verstärker und unterstützen die Nachhaltigkeit von Lernsituationen. Erfährt ein Kind ganz direkt und unmittelbar den Erfolg seines Tuns – z. B. wenn es ein Bauwerk vollendet hat – wird es sich dieser oder einer ähnlichen Herausforderung immer wieder stellen.

Interventionen bei unerwünschtem Verhalten

Vor allem im sozialen Bereich können auch nicht wünschenswerte Verhaltensweisen aus der Sicht von Kindern „erfolgreich" sein und daher wiederholt werden. Wenn z. B. physische oder psychische Gewalt zum Erfolg führen, wird ein Kind diese Strategien wahrscheinlich wieder anwenden. In solchen Fällen muss die Pädagogin bzw. der Pädagoge einschreiten und exemplarisch mit dem Kind alternative, sozial anerkannte Handlungsmöglichkeiten überlegen. Fast alle lernpsychologischen Konzepte zeigen auf, dass die Auftrittswahrscheinlichkeit eines Verhaltens abnimmt, wenn keine Erfolgsbestätigung gegeben wird, also keine Verstärkung stattfindet.

6.3.3. Lernen durch Einsicht

Aha-Erlebnisse

Das Lernen durch Einsicht geht auf die Gestaltpsychologie zurück und wird folgendermaßen beschrieben: „Probleme werden nicht durch blindes Probieren, sondern durch Nachdenken gelöst. Gedanklich wird das Problem umstrukturiert und neu organisiert. Als Ergebnis dieser Denkprozesse zeigt sich geändertes oder neuartiges Verhalten." (Hobmair, 1996, S. 176) Häufig wird in diesem Zusammenhang auch von „Aha-Erlebnissen" gesprochen.

Ältere Kindergartenkinder erlangen zunehmend diese Fähigkeit und können Lernherausforderungen auch „virtuell", das heißt durch Nachdenken und Überlegen lösen (vgl. Oerter & Montada, 2002). Erwachsene unterstützen Kinder in solchen Situationen, indem sie ihnen helfen, ihre Gedanken zu strukturieren und zu reflektieren. Im Gespräch werden Lernprozesse Schritt für Schritt durchdacht, geordnet und verbalisiert.

Zeit zum Nachdenken geben

Bildungsprozesse, die auf Nachdenken beruhen, entwickeln sich häufig erst nach und nach. Wenn Kinder ausreichend Zeit und einen geschützten Rahmen zum Überlegen vorfinden und sich ernst genommen fühlen, werden sie Lösungen entdecken, die durch vorschnelle Handlungen oder Entscheidungen verloren gingen.

Nach Ursache und Wirkung fragen

Warum-Fragen sind für diese Art des Lernens besonders wichtig. Kinder wollen immer mehr wissen, sie wollen Gelerntes oder Beobachtetes hinterfragen. „Falsche" oder „dumme" Fragen gibt es dabei nicht! Teilweise stoßen Erwachsene bei solchen Gesprächen ebenfalls an die Grenzen ihres Wissens. Dann sollten sie sich mit den Kindern gemeinsam auf den Weg machen, Neues zu erlernen.

6.3.4. Frühkindliche Lernformen nach Niederle

Wie Kindergartenkinder lernen

Bei der Gestaltung von Bildungsprozessen für Kindergartenkinder müssen stets die Besonderheiten des Kindes in dieser Lebensphase berücksichtigt werden.

Das betrifft vor allem die große Bedeutung des Spiels sowie der Kreativität und Selbsttätigkeit beim Lernen. Folgende frühkindliche Lernformen, denen das Prinzip „learning by doing" zugrunde liegt, werden von Niederle (2005b) unterschieden:

Spielen

Spielen ist Lernen

Das Spiel ist die ureigenste Art von Kindern, sich mit ihrer Umwelt auseinanderzusetzen und bietet alle Voraussetzungen für erfolgreiches Lernen: Die Kinder sind aktiv, konzentriert, motiviert und stark emotional berührt. Spielmittel werden daher mit Recht als Bildungsmittel bezeichnet, weil sie Lernprozesse in Gang setzen und fördern. Spielen und Lernen müssen als Einheit gesehen werden.

Die wichtigsten Merkmale des Spiels sind nach Hartmann (2005) folgende:

- Spiel ist eine von Kindern selbst gewählte Aktivität. Spielpartnerinnen und -partner, Spielinhalt, Dauer und Ort werden selbst ausgesucht. Dadurch widmen Kinder dem Spiel viel Aufmerksamkeit und Konzentration und sind hoch motiviert für die Lernprozesse, die beim Spielen ablaufen.

Spielen um seiner selbst willen

- Das Spiel ist weder zielgerichtet noch zweckgebunden, sondern geschieht um seiner selbst willen.

Handelnde Auseinandesetzung mit der Umwelt

- Kinder lernen im Spiel durch die handelnde Auseinandersetzung mit ihrer Umgebung, sei es mit Materialien oder mit anderen Kindern. Handlungsstrategien können in einer anschaulichen Situation entwickelt und erprobt werden. Das gilt für Problemlösestrategien ebenso wie für verschiedene Möglichkeiten, mit Konflikten umzugehen.

So tun als ob

- Gefühle, Bedürfnisse und Interessen können besonders gut in Spielsituationen eingebracht werden. Aber auch ungewohnte oder vielleicht sogar verbotene Verhaltensweisen können im Spiel ausprobiert werden – man tut ja nur so, als ob. Durch die intensive emotionale Beteiligung, den Spaß beim Spielen und die entlastende Wirkung des Spiels werden Lernprozesse – v. a. im Bereich des sozialen Lernens – besonders gefördert.
- Bei vielen Spielformen fällt der Leistungsdruck und damit die Angst zu versagen weg. Negative Emotionen würden das Lernen hemmen – dies ist beim Spiel meist nicht der Fall.
- Durch den hohen Anteil an Kommunikation findet in besonderem Maß eine Förderung der Sprachentwicklung statt, wenn zwei oder mehrere Kinder miteinander spielen.

Individuelle Bedeutungszuschreibung

Kazemi-Veisari (2002) betont, dass beim Spielen individuelle Aneignungsprozesse stattfinden. Kinder spielen Erlebtes oder neu Gelerntes nicht einfach nach, sondern schreiben den Inhalten abhängig von ihrem kulturellen oder familiären Hintergrund bzw. von ihren bisherigen Bildungserfahrungen unterschiedliche Bedeutungen zu. Jedes Kind wird andere Aspekte eines Spieles in den Vordergrund stellen – abhängig davon, wie seine Lebenswelt und seine bisherigen Erfahrungen aussehen. Kinder in einer Kindergruppe können dabei viel voneinander lernen.

Nicht zuletzt ist das Spiel aus transaktionaler Sicht besonders bedeutsam: Durch das Anknüpfen an vertraute Erfahrungen finden Subjektivierungsprozesse statt, durch das Schaffen eigener Produkte beim Spielen ist in hohem Maße Vergegenständlichung möglich. Damit werden jene transaktionalen Prozesse, die beim schulischen Lernen eher im Hintergrund stehen, besonders angeregt.

Unterschiedliche Spielarten

Nach Hartmann (2005) können abhängig von ihren Funktionen für die Entwicklung des Kindes folgende Spielarten unterschieden werden: Symbol- und Rollenspiel, Experimentier-, Bau- und Konstruktionsspiel, regelgebundenes Spiel sowie Bewegungsspiel.

Forschen

Zeit und Materialien zum Experimentieren

Neugierde und Forscherdrang sind die Motoren vieler Lernprozesse. Forschen, Entdecken und Experimentieren sind daher Lernformen, für die im Kindergarten viel Zeit und Raum, viele Gelegenheiten und Anlässe und nicht zuletzt auch eine geeignete materielle Ausstattung vorhanden sein müssen. Beim Forschen lernen Kinder vor allem durch den handelnden Umgang mit ihrer Umwelt und haben dabei die Gelegenheit, aus vielen unterschiedlichen Situationen und Beispielen allgemeine Regeln und immer wiederkehrende Zusammenhänge zu erfahren. Niederle (1995) betont besonders die Bedeutung sachrichtiger Vorgangsweisen und eines engen Bezugs zur Lebenswelt der Kinder bei Forschungsprojekten.

Selbstbildungsprozesse durch Lernwerkstatt

Auch das Prinzip „Lernwerkstatt“, das Ende der 1970er Jahre vorerst für Erwachsene entwickelt wurde, zeichnet sich durch eine Lern- und Forschungsatmosphäre im Kindergarten aus, die Kinder herausfordert und ihre Selbstbildungspotenziale stimuliert. Dabei dürfen Kinder an verschiedenen Orten im Kindergarten experimentieren, arbeiten, forschen und ausprobieren. Die Fachkräfte müssen bereit sein, Kindern ungewohnte Handlungsabläufe zu ermöglichen, aufgrund intensiver Beobachtungen Impulse für weitere Lernprozesse zu geben und sich auf die kindlichen Lern- und Denkwege einzulassen (Klein, 2005).

Buchtipp

Schaarschmidt (2007). So geht´s – Lernen in der Lernwerkstatt.

Erfinden

Kinder sind kreativ und erfinderisch

Nicht selten werden Kinder durch Problemsituationen dazu angeregt, kreative Lösungen zu „er-finden“. Niederle (1995) weist darauf hin, dass auch durch Fehler immer wieder Erfindungen entstehen können oder neue Erkenntnisse möglich sind. Prozesse, die auf den ersten Blick fehlerhaft sind, haben so Vergegenständlichungen im transaktionalen Sinn – also neu erschaffene Produkte – zur Folge (vgl. Hartmann et al., 2006).

Fähigkeit zur Zurückhaltung

Die wichtigste Voraussetzung für erfolgreiches und nachhaltiges Lernen ist in diesem Zusammenhang ein wertschätzendes Lernklima, in dem Fehler akzeptiert werden und als Chance für neue Erkenntnisse gelten. Die Aufgabe der Pädagoginnen und Pädagogen besteht v. a. darin, zurückhaltend und aufmerksam zu beobachten.

Wenn nötig, sollte das Kind durch Fragen angeleitet werden und gegebenenfalls Hinweise erhalten, damit der kreative Prozess aufrecht bleibt und einer Entmutigung vorgebeugt wird.
Häufig werden Kinder auch aus ihrer Fantasie heraus bzw. aus dem Bedürfnis, Neues zu schaffen, erfinderisch. Der Transaktionsansatz betont diese Prozesse, indem er die Bedeutung von Vergegenständlichungen hervorhebt.

Gestalten

Kreatives Gestalten und Ausdrucksformen, wie z. B. Tanzen, Singen oder Theater spielen, sind Möglichkeiten, die eigene Handlungskompetenz zu erweitern und zu differenzieren. Nach dem Transaktionsansatz kommt es dabei vor allem zu den transaktionalen Prozessen der Subjektivierung und Vergegenständlichung. Die Kinder erleben sich als selbstwirksam, indem sie eigene Ideen verwirklichen und eigene Produkte schaffen. Becker-Textor (1995, S. 45) fordert: „Alles, was vom Kind neu geschaffen wird, muss in seiner Umwelt Platz und Anerkennung finden."

Selbstwirksamkeit durch Kreativität

Im Kindergarten sollten für diese Lernform viele Gelegenheiten gegeben sein. Wichtig ist es, die Originalität, Individualität und Spontaneität der Kinder zu unterstützen. Hinsichtlich der Gestaltung der Umgebung sollten vielfältige Materialien und funktionstüchtige Werkzeuge vorhanden sein. Besonders eignen sich unstrukturierte Materialien, die viele Möglichkeiten der Gestaltung offen lassen. Solche Materialien lösen Prozesse des selbstständigen, entdeckenden Lernens aus und motivieren Kinder aus sich heraus (Becker-Textor, 1995). Neben einer kreativitätsfördernden Umgebung sind genügend Zeit zum Beobachten und Forschen sowie viel Platz für Spontanaktivitäten der Kinder notwendig.

Gestaltung einer kreativitätsfördernden Umgebung

Spitzer (2006) beschreibt die positiven Auswirkungen des Werkens auf die Gehirnentwicklung. Ähnlich wie beim Musizieren werden dadurch motorische Gedächtnisspuren permanent optimiert. Außerdem erfahren Kinder durch gelungene Aktivitäten bzw. durch die Vergegenständlichungsprozesse, die dabei ablaufen, eine Stärkung ihrer Selbstwirksamkeit und ihres Selbstwertgefühles. Wichtig sind dabei „das Auswählen der richtigen Aufgabe, des Materials und des kindgerechten Ziels, die Begleitung des Kindes und die Unterstützung beim Überwinden von Klippen" (Spitzer, 2006, S. 228).

Arbeiten

Kinder wollen an der Erwachsenenwelt teilhaben

Die Lernform Arbeiten kommt besonders zum Tragen, wenn Kinder in die Tätigkeiten und in die Lebenswelt Erwachsener einbezogen werden. Arbeiten wie Kochen,

Einkaufen oder Tischdecken sind allen Kindern vertraut. Wenn sie sich daran beteiligen dürfen und ihr Einsatz Anerkennung erfährt, wird ihre Motivation steigen: Motivation gilt als eine der wichtigsten Voraussetzungen für lustvolles und erfolgreiches Lernen. Die Erfahrung der eigenen Tüchtigkeit stärkt wiederum das Selbstvertrauen.

Bildungspartnerschaft mit Eltern

Eltern als Kundinnen und Kunden

Der Kindergarten ist nicht nur eine Bildungseinrichtung, sondern auch ein Dienstleistungsbetrieb mit besonderen Bedingungen. Einerseits hat er die Aufgabe, die Kinder in ihrer Entwicklung zu begleiten und zu fördern. Andererseits ist er eine familienergänzende Einrichtung mit der Zielsetzung, die Eltern in ihren Erziehungsaufgaben zu beraten und zu unterstützen. Zunehmend wird auch im Kindergarten von Eltern als Kundinnen und Kunden sowie von Kundenorientierung gesprochen.

Kinder leben und lernen in unterschiedlichen Mikrosystemen

Die Bildungspartnerschaft mit Eltern ist eine wichtige Säule der transaktionalen Kindergartenpädagogik. Der Kindergarten ist ebenso wie die Familie ein Mikrosystem, an dem das Kind handelnd und aktiv beteiligt ist. Dadurch wird sichtbar, dass das Kind in verschiedenen Umweltsystemen aufwächst. Die Wechselbeziehungen zwischen diesen Lebensräumen haben Auswirkungen auf die Entwicklung des Kindes. Sie können Widersprüche oder gegenseitige Unterstützung hervorbringen und müssen aus pädagogischer Sicht bei der Gestaltung von Bildungsprozessen berücksichtigt werden. Die konstruktive Zusammenarbeit mit den Eltern ist daher ein förderlicher Faktor für die optimale Entwicklung eines Kindes.

Gegenseitige Wertschätzung als Basis der Bildungspartnerschaft

Die ständigen Veränderungen der Gesellschaft bringen eine Vielfalt an Anforderungen an den Kindergarten mit sich. Weiters führt die Beteiligung unterschiedlicher Systeme am Kindergartengeschehen zu Spannungsfeldern, die durch eine aktive Auseinandersetzung gemeistert werden müssen. Die Anerkennung der pädagogischen Arbeit durch die Eltern bzw. die Wertschätzung der elterlichen Erziehungsleistung durch die pädagogischen Fachkräfte sind wesentliche Aspekte für die Zufriedenheit beider Gruppen und tragen zu einer positiven Atmosphäre im Kindergarten bei (Textor, 2006).

In der gesellschaftlichen Schlüsselposition des Kindergartens ist es wichtig, Eltern- und Öffentlichkeitsarbeit als Teil des pädagogischen Konzepts und als Qualitätsstandard anzusehen und sie aktiv zu gestalten. Berufliche Erfahrungen, Austausch im Team, Literaturstudium und kontinuierliche Fortbildung sind die Basis einer gelungenen Bildungspartnerschaft.

1. QUALITÄTSBEREICHE DER BILDUNGSPARTNERSCHAFT

In Anlehnung an die Qualitätsbereiche der pädagogischen Arbeit mit Kindern können auch in der Bildungspartnerschaft Standards der Struktur-, Orientierungs- und Prozessqualität definiert werden.

1.1. Strukturqualität der Bildungspartnerschaft

Die Gestaltung von Räumen als Signal für Eltern

Nicht nur zwischenmenschliche Signale, sondern auch strukturelle Rahmenbedingungen entscheiden maßgeblich mit, ob die Bildungspartnerschaft gelingen kann. Die Pädagoginnen und Pädagogen sollten sich bei der Gestaltung des Kindergartens überlegen, wie sie sich den Eltern gegenüber präsentieren wollen. Dementsprechend werden der Eingangsbereich, die Garderoben und alle anderen Räume auch für Eltern konzipiert und optimal genützt. Denn bereits strukturelle Bedingungen signalisieren, ob Eltern willkommen sind und spiegeln das pädagogische Konzept wider. Bei der Gestaltung der Eingangshalle bzw. der Garderobe ist beispielsweise auf Licht, Farben, Vorhänge, erwachsenengerechte Möbel, Pflanzen, Bilderrahmen, Schaukästen etc. sowie auf Sauberkeit zu achten. Ein gemütlicher Platz zum Warten und um mit anderen ins Gespräch zu kommen fördert den Kontakt der Eltern untereinander. Fachzeitschriften und Informationsbroschüren können aufliegen. Für Beratungs- und Konfliktgespräche mit Eltern bedarf es eines Bereiches bzw. Raumes mit erwachsenengerechten Möbeln, der vertrauliche Gespräche ermöglicht.

Bildungspartnerschaft braucht zeitliche Ressourcen

Für eine qualitativ hochwertige Strukturqualität ist nicht nur das Team, sondern auch der Träger verantwortlich. Letzterer trägt durch das Bereitstellen von zeitlichen, personellen und finanziellen Ressourcen dazu bei, dass die sozialpolitisch und gesellschaftlich bedeutsamen Anforderungen der Bildungspartnerschaft vom Team bewältigt werden können. Das bedeutet, dass Zeit für Vorbereitung und Reflexion zur Verfügung stehen muss und dass alle Angebote für Eltern in der Dienstzeit stattfinden. Das Bereitstellen von Fachliteratur und die Möglichkeit für Fortbildung und Supervision sind Voraussetzungen für eine qualitätsvolle Bildungspartnerschaft.

1.2. Orientierungsqualität der Bildungspartnerschaft

Die Haltung und Einstellung des pädagogischen Personals gegenüber den Eltern ist die Basis der Bildungspartnerschaft. Die Beziehung zu den Eltern sollte sich durch folgende Aspekte auszeichnen:

Förderliche Haltungen gegenüber Eltern

- Eltern werden als Expertinnen und Experten hinsichtlich ihrer Kinder anerkannt.
- Eltern werden unabhängig von den Interessen und Motiven des Teams ernst genommen.

- Die Zusammenarbeit mit Eltern wird als mögliche Ressource angesehen und genützt.
- Bildungspartnerschaft basiert auf einer Atmosphäre des Vertrauens und gegenseitigen Respekts. Bei Eltern mit Migrationserfahrungen ist auf Wertschätzung gegenüber ihrer Kultur zu achten.
- Die Pädagogin/der Pädagoge ist sich ihrer/seiner Vorbildrolle für Eltern bewusst.
- Durch Selbstreflexion werden eigene Ängste und Unsicherheiten im Elternkontakt bewusstgemacht.
- Die Pädagogin/der Pädagoge ist sich ihrer/seiner Fachkompetenz bewusst und gibt pädagogisches Wissen weiter. Sie/er achtet dabei darauf, unterstützend und nicht belehrend zu wirken.
- Die pädagogische Fachkraft kennt ihre fachlichen Grenzen, indem sie z. B. keine Diagnosen psychischer Auffälligkeiten stellt und gegebenenfalls an externe Expertinnen und Experten, wie z. B. Logopädin/Logopäde, weitervermittelt.
- Die Beziehungsgestaltung mit den Eltern ist aus transaktionaler Sicht als dynamischer Prozess anzusehen und bedarf einer kontinuierlichen Reflexion.

Kompetenzen durch Fortbildung erweitern

Fortbildungsangebote, die aktuelle Forschungserkenntnisse sowie brisante und heikle Themen aufgreifen, tragen zur Erweiterung der Fachkompetenz bei und sind wichtige Voraussetzungen einer zeitgemäßen Bildungspartnerschaft. Diese sollten in einem gewissen Ausmaß verpflichtend sein und in der Dienstzeit besucht werden.

1.3. Prozessqualität der Bildungspartnerschaft

Je angenehmer die Atmosphäre ist und je mehr die Eltern das Gefühl haben, respektiert zu werden, umso besser wird die Bildungspartnerschaft sein. Die Prozessqualität kann als Handlungsebene der Orientierungsqualität angesehen werden und meint deren konkrete Umsetzung im Kindergartenalltag.

Wesentliche Aspekte einer positiven Bildungspartnerschaft

- Die Interaktionen sind geprägt durch höfliche Umgangsformen und professionelle Gesprächsführung.
- Die Pädagogin/der Pädagoge geht bewusst mit der Anrede von Eltern um und begründet vor allen Eltern, warum mit manchen das „Du-Wort" gilt.
- Die Pädagogin/der Pädagoge geht aktiv auf Eltern zu, um eine Beziehung aufzubauen.
- Auch wenn häufiger die Mutter als Ansprechperson für Angelegenheiten des Kindes und des Kindergartens verfügbar ist, sollten auch Väter für die verschiedenen Angebote zur Bildungspartnerschaft angesprochen werden.

- Die Pädagogin/der Pädagoge achtet auf eine ausgewogene Kontaktaufnahme mit allen Eltern. Dies gilt besonders, wenn viele bzw. alle Eltern anwesend sind. Eltern beobachten oft aufmerksam, mit wem die Pädagogin/der Pädagoge Kontakt aufnimmt und stellen Vergleiche an.
- Verschwiegenheit in familiären und vertraulichen Angelegenheiten sowie der gesetzeskonforme Umgang mit persönlichen Daten wird gewahrt.
- Berufliche Professionalität drückt sich in einer bewussten fachlichen Haltung aus. Diese charakterisiert sich einerseits persönlich, offen, authentisch und interessiert, andererseits objektiv, argumentativ, fachlich korrekt und gegebenenfalls abgrenzend.
- Vorschnelle Lösungsangebote der pädagogischen Fachkraft auf Anfragen der Eltern in Erziehungsangelegenheiten werden vermieden. Eltern sollen in einem professionell geführten Beratungsgespräch an eigene Handlungs- und Lösungsüberlegungen herangeführt werden.
- Die Pädagogin/der Pädagoge kann konstruktive Kritik der Eltern annehmen, reflektieren und bearbeiten. Sie/er ist auch fähig, nicht angemessen geäußerte Kritik zurückzuweisen.
- Schwierige Situationen in der Zusammenarbeit mit Eltern werden in einer Supervision bearbeitet.

2. ZIELE DER BILDUNGSPARTNERSCHAFT

Die Bildungspartnerschaft ist ein hochkomplexes Handlungsfeld und umfasst vielfältige Zielsetzungen:

2.1. Beziehungsaufbau mit den Eltern

Aufbau einer partnerschaftlichen Beziehung

Das wichtigste Ziel der Zusammenarbeit mit Eltern im Kindergarten ist eine vertrauensvolle und tragfähige Beziehung zueinander, um die optimale Entwicklung des Kindes und die Zufriedenheit aller am Erziehungsgeschehen beteiligten Personen bestmöglich zu unterstützen.

Gegenseitige Erwartungen abklären

Die Verantwortung für einen guten Elternkontakt liegt beim Kindergarten. Damit eine partnerschaftliche Beziehung zu den Eltern aufgebaut werden kann, muss es ein klares Verständnis hinsichtlich der unterschiedlichen Kompetenzen, die beide Seiten in einen konstruktiven Bildungs- und Erziehungsprozess einbringen können, geben (OECD, 2006). Einerseits müssen die gegenseitigen Erwartungen, andererseits auch die gegenseitigen Grenzen thematisiert werden.

Die Pädagoginnen und Pädagogen werden mit unterschiedlichsten Elternpersönlichkeiten konfrontiert, auf die sie individuell und professionell eingehen müssen. Dafür sind persönlichkeitsbildende Fortbildungen sowie Kommunikations- und Konfliktseminare hilfreich. Eltern sind z. B. zurückhaltend, unterstützend, fordernd, kooperativ, ängstlich, freundlich, gehemmt, arrogant, (über-)fürsorglich, engagiert, ehrgeizig, vernachlässigend, tolerant, aggressiv, abwertend, gestresst, überfordert etc.

2.2. Transparenz der Organisation

Offenheit signalisieren

Zur Orientierung sind schriftliche Informationen über die Rahmenbedingungen der Einrichtung an Eltern weiterzugeben bzw. in der Konzeption festzuhalten. Diese beinhalten u. a.: Adresse, Lage, Erreichbarkeit, Gesetze, Träger und deren Weltbild, Personal, Elternbeiträge, Öffnungszeiten, Ferienregelung, Anzahl und Art der Gruppen, Gruppengröße, Personal-Kind-Schlüssel, Informationen zu Mahlzeiten, Tagesablauf, Spiel- und Lernmaterialien, Garten, Sicherheitsvorkehrungen etc.

Entscheidungskompetenz der Eltern

In manchen Belangen ist die Entscheidungskompetenz der Eltern zu respektieren und ihr Einverständnis mittels Unterschrift einzuholen, z. B. hinsichtlich der Vergabe von Kalium-Jodtabletten, der Weitergabe von Daten für wissenschaftliche Arbeiten, des Hinzuziehens von Expertinnen und Experten bei der Abklärung möglicher Auffälligkeiten des Kindes, der Veröffentlichung von Fotos und Filmen etc.

2.3. Transparenz des pädagogischen Konzepts

Eltern über die Kindergartenarbeit informieren und sie pädagogisch begründen

Eltern sind kontinuierlich über pädagogische Absichten, Überlegungen, Projekte, Angebote und Bildungsziele zu informieren. Das Team des Kindergartens sollte seine pädagogischen Absichten nicht nur transparent machen, sondern diese auch mit Verweis auf aktuelle Erkenntnisse aus der Kindergartenpädagogik fachlich argumentieren können. Durch Informationen über didaktische Prinzipien, frühkindliches Lernen sowie entwicklungspsychologische und pädagogische Erkenntnisse wird das Wissen der Eltern bereichert. Eine effektive Möglichkeit, Eltern Zusammenhänge über die Bildungsarbeit im Kindergarten erfahrbar zu machen, ist, sie selbst am Lernfeld ihrer Kinder zu beteiligen.

Verbindlichkeit durch eine Konzeption

Über die Erarbeitung einer schriftlichen Konzeption kann sich das gesamte Team einer Einrichtung auf gemeinsame „Pädagogische Orientierungen“ beziehen und diese für Eltern und Öffentlichkeit transparent machen (vgl. Kapitel Pädagogische Qualität).

2.4. Wissen über das Kind

Gegenseitige Information als Grundlage der pädagogischen Arbeit

Da Bildungs- und Erziehungsprozesse dynamisch – d. h. einer ständigen Veränderung unterworfen – sind, ist es wichtig, regelmäßig den Kontakt zu den Eltern zu suchen. Die Pädagoginnen und Pädagogen sind sich bewusst, dass das Kind an verschiedenen sozialen Systemen teilnimmt, in denen es mitunter ganz unterschiedliche Verhaltensweisen zeigt. Sie sehen das Kind im Kontext seiner wichtigsten sozialen Systeme, um es gut verstehen und betreuen zu können. In Gesprächen mit den Eltern erheben sie wichtige Informationen über das Kind, die sie zur Planung und Reflexion der Bildungsarbeit benötigen. Eltern wird in diesem Austausch vermittelt, wie ihr Kind auf Angebote im Kindergarten reagiert, welche Rolle es in der Gruppe einnimmt und welche Entwicklungen beobachtet wurden. Im Sinne einer Vorbildfunktion erleben Kinder durch die gelebte Offenheit zwischen Kindergarten und Elternhaus, wie sich unterschiedliche Lebenswelten miteinander verbinden lassen.

2.5. Partizipation

Möglichkeiten der Partizipation

Eine qualitätsvolle Bildungspartnerschaft gibt Eltern die Gelegenheit, sich inhaltlich aktiv einzubringen und in bestimmten Bereichen mitzuentscheiden. Gut durchdachte Verantwortungsbereiche und Gestaltungsmöglichkeiten für Eltern bieten unterschiedliche Möglichkeiten der Partizipation und sollen als Ressourcen für die tägliche Arbeit mit den Kindern gesehen werden. Mitarbeit und Beteiligung kann die Motivation der Eltern, die Bildungsarbeit zu unterstützen, steigern und beeinflusst ihre Zufriedenheit mit dem Kindergarten. Im besten Fall führt dies zu einer Identifikation mit der Einrichtung.

Stufen der Partizipation

Mitarbeiten

1. Stufe – Mitarbeit: Eltern und andere Familienangehörige werden bewusst in den pädagogischen Alltag eingebunden und erhalten Möglichkeiten, am Gruppengeschehen teilzunehmen. Beispiele sind: Mitwirken im Alltag, Teilnahme an Ausflügen, Auftreten als Expertin bzw. Experte (Fachwissen, außergewöhnliche Talente und Fertigkeiten etc.).

Mitbestimmen

2. Stufe – Mitbestimmung: Überlegungen, Wünsche und Ideen der Eltern werden angehört und, wenn möglich, in das pädagogische Konzept einbezogen. So könnten Eltern z. B. bei der Gestaltung von Projekten mitbestimmen und eigene Schwerpunkte setzen.

Mitentscheiden

3. Stufe – Mitentscheidung: Eltern wirken in beschlussfassenden Gremien mit und treffen gemeinsam mit dem Team Entscheidungen in zuvor genau festgelegten Bereichen, wie z. B. bei der Gestaltung des Gartens, der Anschaffung von Großgeräten etc. Durch die Mitentscheidung übernehmen Eltern Mitverantwortung, die das Team unterstützt und entlastet.

2.6. Meinungsbildung

Meinungsbildungsprozesse ermöglichen

Im Rahmen der Bildungspartnerschaft soll Platz für Diskussionsprozesse zu aktuellen Themen, die für die Familien und den Kindergarten relevant sind, sein, wie z. B. Umgang mit Gewalt, Verkehrsberuhigung vor dem Kindergarten, Sexualerziehung etc. Im Sinne des transaktionalen Ansatzes kann dieser gegenseitige Austausch für alle Beteiligten bereichernd sein.

2.7. Beratung und Unterstützung

Beratung der Eltern zu Entwicklungsfragen

Der Kindergarten ist häufig die erste „außerfamiliäre Anlaufstelle" für Familien. Die meisten Eltern haben viele Fragen und machen sich Gedanken über die Entwicklung ihres Kindes. Das pädagogische Wissen der Fachkräfte kann die Eltern in ihren Erziehungsaufgaben unterstützen.

Beratungsgespräch im geeigneten Setting

Da Eltern bei Fragen, die ihr Kind betreffen, sehr sensibel sind, sollten die Pädagoginnen und Pädagogen sich nicht verleiten lassen, diese Inhalte bei Tür- und Angelgesprächen zu behandeln, sondern einen Termin für ein Beratungsgespräch anbieten. In diesem Rahmen wird die Vertraulichkeit gewahrt und den Eltern wird die Möglichkeit geboten, sich mit ihren Erziehungsanliegen oder -problemen zu öffnen. Gegebenenfalls werden Kontaktadressen von Expertinnen und Experten weitergeben.

2.8. Beschwerdemanagement

Konstruktive Kritik der Eltern aufgreifen

Ein offener und konstruktiver Umgang mit Beschwerden ihrer „Kundinnen und Kunden" wird für Kindergärten immer bedeutender. Oft wird Kritik durch Eltern oder durch die Öffentlichkeit im Team als störend und verletzend empfunden. Pädagoginnen und Pädagogen fühlen sich angegriffen, in ihrer Kompetenz hinterfragt und wenig wertgeschätzt. Dadurch entsteht häufig eine abwehrende Haltung gegenüber Kritik, die die konstruktive Zusammenarbeit mit den Eltern und die Optimierung der Qualität der Arbeit verhindert (Weber & Herrmann, 2002).

Standards im Umgang mit Kritik

Es empfiehlt sich, bereits im Vorfeld Standards im Umgang mit Kritik zu definieren und in der Konzeption transparent zu machen. Eltern wird signalisiert, dass das pädagogische Team an kritischen Anmerkungen interessiert ist. Sie werden darüber informiert, wer Ansprechperson und wann Zeit für ihre Meinungskundgabe ist. Das Team sollte besprechen, ob die Anliegen einzelner bzw. mehrerer Eltern in das pädagogische Konzept passen oder ob es Gründe gibt, sie nicht oder nur teilweise zu integrieren. Ein Leitsatz dabei könnte sein: „Bedürfnisse der Eltern werden angehört und ernst genommen. Dies bedeutet aber nicht, dass sie alle berücksichtigt werden können bzw. müssen.“ Das Ergebnis dieser Erörterung muss den Eltern rückgemeldet werden.

2.9. Konfliktmanagement

Mit Konflikten professionell umgehen

Wo viele Menschen aufeinandertreffen, gibt es unterschiedliche Bedürfnisse, Wünsche, Vorstellungen und Werthaltungen. Daher sind Konflikte auch dem Kindergarten inhärent und dürfen nicht negativ bewertet werden. Obwohl dies nicht einfach ist, gehört es zur Aufgabe des Kindergartenteams, aktiv und professionell mit unterschiedlichen Standpunkten umzugehen und eine konstruktive Konfliktkultur mit den Eltern aufzubauen. Es muss nicht jede Meinungsverschiedenheit sofort aufgegriffen werden. Es kann sinnvoll sein, Zeit verstreichen zu lassen, um beurteilen zu können, ob der Konflikt unterschwellig die Zusammenarbeit stört oder ob die unterschiedlichen Standpunkte langfristig akzeptiert werden und das Klima weiterhin produktiv bleibt. Wenn Eltern von sich aus einen Konflikt ansprechen, sollte dieser nicht zwischen Tür und Angel diskutiert, sondern ein Termin für ein klärendes (Konflikt-) Gespräch angeboten werden.

Das Wissen über ein geeignetes Setting sowie über Struktur, Vorbereitung und Führen eines Konfliktgesprächs wird in Fortbildungen zu Gesprächsführung erlernt und geübt. Da Konflikte mit Eltern emotional belastend sein können, kann Supervision hilfreich sein.

2.10. Integration von Eltern mit Migrationserfahrung

Kulturelle Vielfalt als Bereicherung

Aufgrund zunehmender Globalisierung gibt es in nahezu jedem Kindergarten Eltern mit Migrationserfahrung. Aber auch, wenn das nicht der Fall ist, sind grundsätzliche Überlegungen zur kulturellen Vielfalt und Mehrsprachigkeit der heutigen Gesellschaft im Team anzustellen und ins pädagogische Konzept zu integrieren. Interkulturelles Lernen muss bereits im Kindergarten stattfinden. Ein Team, das bewusst interkulturelle Kompetenzen entwickelt und vom Träger mit entsprechenden Strukturbedingungen unterstützt wird, kann zu einer Bereicherung für alle Beteiligten werden. Gerade der Kindergarten bietet sich als geeigneter Ort der Begegnung an, wo Menschen mit und aus unterschiedlichen Kulturen bekannt gemacht werden. Wichtig dabei ist, dass sich das Team seiner Verantwortung der aktiven Beziehungsgestaltung bewusst ist und geeignete Angebote für Eltern überlegt. Die

Integration von Familien mit Migrationserfahrung stellt ein wesentliches Ziel einer zeitgemäßen Kindergartenpädagogik dar. Ausgehend von der besonderen Lebenssituation der Eltern müssen ihre Bedürfnisse und Erwartungen ermittelt werden. Erst dann können angemessene Formen der Beteiligung ausgewählt werden.

Reflexion des eigenen Umgangs mit Fremdheit

Damit diese Ziele authentisch gelebt werden können, ist eine kontinuierliche Reflexion der eigenen Haltung und Einstellung des Kindergartenpersonals grundlegend. Die Bildungspartnerschaft mit Eltern aus unterschiedlichen Kulturen verlangt von Pädagoginnen und Pädagogen ein hohes Maß an Offenheit, insbesondere für Situationen und Verhaltensweisen, die nicht mit ihrem Wertesystem übereinstimmen. Sie müssen Fremdheit im Verhalten und in den Einstellungen von Eltern akzeptieren und sich diesen ohne Vorbehalte nähern. Mit der Art und Weise, wie sie auf Eltern mit Migrationserfahrung zugehen, haben sie Vorbildwirkung.

Besondere Bedürfnisse von Eltern mit Migrationserfahrung

Viele Migrantinnen und Migranten erleben bereits vor Kindergarteneintritt ihrer Kinder gesellschaftliche Ablehnung und befürchten Ähnliches in dieser Institution. Daher bedarf der Prozess, das Vertrauen dieser Eltern zu gewinnen, viel Einfühlungsvermögen und Geduld. Oft lösen Einladungen zu Elternabenden oder Gesprächen bei den Eltern Ängste und Sorgen aus und führen dazu, dass sie diese Termine nicht wahrnehmen bzw. aufgrund ihrer geringen Deutschkenntnisse vermeiden.

Die vorschnelle Interpretation, dass dies Desinteresse sei, ist daher im Team kritisch zu hinterfragen. Um Verständnis für die Pluralität der Lebenssituationen dieser Familien zu entwickeln, ist es hilfreich, sich Hintergrundwissen über die Herkunftsländer anzueignen. Fortbildungen, einschlägige Literatur, Dokumentationen in Medien, eigene Reisen oder Reiseberichte sowie die betreffenden Familien selbst können dafür geeignete Quellen sein.

Nötige Ressourcen für interkulturelle Bildungspartnerschaft

Voraussetzung für die gelingende Integration von Eltern mit Migrationserfahrung sind entsprechende Strukturbedingungen, die im Rahmen von Gesetzen bzw. vom Träger zur Verfügung gestellt werden müssen, wie z. B. personelle und zeitliche Ressourcen, Fortbildungen, Austausch mit anderen Teams, die Möglichkeit der Übersetzung etc.

2.11. Netzwerkarbeit

Öffnung des Kindergartens nach außen

Der Kindergarten als Ort der Kommunikation und Begegnung stellt nur ein System von vielen dar, in dem Kinder handelnd tätig sind. Durch professionelle Zusammenarbeit mit Eltern signalisiert der Kindergarten Offenheit, Transparenz, Flexibilität und Veränderungsbereitschaft. „Intensive Wechselbeziehungen mit den Familien und außerfamiliären Lebensräumen der Kinder tragen dazu bei, die Abschottung des Kindergartens von der gesellschaftlichen Wirklichkeit zu vermeiden" und transaktionale Bildungsprozesse für alle Beteiligten zu ermöglichen (Hartmann et al., 2006, S. 84).

Vernetzung mit Einrichtungen der Gemeinde

Durch vielfältige Kontakte zu anderen öffentlichen Einrichtungen und Institutionen, wie Jugendamt, Bibliothek, Volksschule, Gemeinde etc. eröffnen sich Möglichkeiten für innovative Projekte im Sinne einer umweltoffenen Arbeit. Netzwerkarbeit inkludiert auch Kontakte zu Expertinnen und Experten aus anderen Fachbereichen, wie Sonder- und Heilpädagogik, Psychologie, Logopädie etc.

Familienzentren

Wünschenswert wäre es, Kindergärten zu Familienzentren auszuweiten. Dieser Ansatz wurde erstmals in Großbritannien in sogenannten „Early Childhood Excellence Centers" verwirklicht und wird heute in mehreren europäischen Ländern erprobt.

2.12. Evaluierung

Evaluierung der Elternzufriedenheit

Kundenorientierung und Transparenz beinhaltet die regelmäßige Evaluierung der Zufriedenheit der Eltern mit der Einrichtung und der Bildungsarbeit im Speziellen. Es reicht natürlich nicht aus, nur die Meinung der Eltern zu erheben, sondern das Team muss auf diese Informationen entsprechend reagieren. Nicht alle Anforderungen der Eltern müssen erfüllt werden. Es ist aber notwendig, die Eltern darüber zu informieren, welche Konsequenzen sich aus der Evaluierung für das Team ergeben.

Formen der Evaluation

Mögliche Formen der Evaluierung: Wunsch- und Beschwerdebriefkasten, Fragebögen, Gespräche, Elternrunden, Elterngremien, Beteiligung der Eltern an der Kindergartenarbeit etc.

3. METHODEN DER BILDUNGSPARTNERSCHAFT

Für die Zusammenarbeit mit den Eltern steht eine Fülle an Methoden zur Verfügung. Die Kunst der Pädagogin bzw. des Pädagogen ist es, die geeignete Form für die jeweilige Elterngruppe und für den entsprechenden Inhalt auszuwählen. Wünsche und Erwartungen der Eltern, die das Team kontinuierlich eruieren sollte, stellen die Basis für die Auswahl dar. Folgende Methoden stehen zur Verfügung:

3.1. Beginn der Bildungspartnerschaft

Erste Kontakte sind prägend

Die ersten Interaktionen mit neuen Eltern sollten aufgrund der prägenden Wirkung für die weitere Bildungspartnerschaft gut überlegt werden. Dazu sind gemeinsame Vereinbarungen im Team nötig. Eltern sind unsicher und voller Erwartungen und achten zu Beginn äußerst sensibel darauf, wie Pädagoginnen und Pädagogen mit ihnen und ihrem Kind, aber auch mit anderen Kindern oder im Team miteinander umgehen. Atmosphäre und Stimmungen werden besonders aufgenommen. In solchen Momenten wird eine gute Teamkultur sichtbar.

3.1.1. Erstkontakt

Erstkontakt gut planen

Der erste Eindruck, den Eltern sich vom Kindergarten machen, ist nachhaltig und kann später oft schwer verändert werden. Das bedeutet, dass bereits der Erstkontakt, meist bei der Besichtigung des Kindergartens, entscheidend ist. Daher soll das Team diese Erstsituation gut durchdenken und darauf vorbereitet sein. Im Sinne eines gemeinsamen Profils sollten alle Kolleginnen und Kollegen einschließlich des nicht fachlichen Personals einen gemeinsamen Leitfaden erstellen.
Sowohl beim persönlichen Erstkontakt als auch im ersten Telefongespräch bzw. im Text des Anrufbeantworters wird auf die professionelle Präsentation des Kindergartens geachtet. Mitarbeiterinnen und Mitarbeiter stellen sich persönlich oder am Telefon mit ihrem Nachnamen vor.

Aspekte für die Erstbesichtigung durch Eltern

Bei der Erstbesichtigung sind Eltern besonders für die Atmosphäre und den Umgang mit ihrem Kind sensibel. Daher ist eine wertschätzende und kindorientierte Begrüßung wichtig. Je nach vereinbarter Vorgangsweise werden die Eltern an die Leitung oder an eine Kollegin bzw. einen Kollegen, die/der dafür zuständig ist, verwiesen. Bei der Besichtigung der Räumlichkeiten sollten nicht nur Informationen über organisatorische Rahmenbedingungen weitergegeben werden, sondern auch eine kurze Einführung in das pädagogische Konzept der Einrichtung erfolgen.
Bereits hier wird gelebte Interkulturalität für Eltern sichtbar, indem sie Musikkassetten, Bücher und Poster in mehreren Sprachen, Verkleidungsmaterialien aus verschiedenen Kulturen etc. im Gruppenraum entdecken und Begrüßungen und andere schriftliche Informationen in verschiedenen relevanten Sprachen ausgehängt sind.

3.1.2. Aufnahmegespräch

Aufnahmegespräch als Grundlage der Bildungspartnerschaft

Während der Erstkontakt meist über die Leitung erfolgt, sollte das Aufnahmegespräch von der künftigen gruppenführenden Pädagogin bzw. dem Pädagogen durchgeführt werden. Dabei wird ein weiterer Grundstein der späteren Beziehung und Haltung zueinander gelegt. Besonders Eltern mit Migrationserfahrungen haben in dieser Situation ein feines Gespür dafür, ob ihnen und ihrer kulturellen Herkunft Wertschätzung entgegengebracht wird.
Eine schriftliche Konzeption ist die Grundlage, um Eltern mit dem pädagogischen

Konzept einer Einrichtung vertraut zu machen. Günstig ist es, wenn diese bereits vor dem Aufnahmegespräch zur Verfügung gestellt wird, so dass die Eltern erste Fragen stellen können.
Grundsätzlich werden beide Elternteile bzw. die/der Erziehungsberechtigte zum Aufnahmegespräch eingeladen. Zu Beginn können den Eltern die Räumlichkeiten gezeigt und die anwesenden Teammitglieder vorgestellt werden.

Checkliste für das Aufnahmegespräch

Aspekte des Aufnahmegesprächs

- Das Gespräch findet in einer gastfreundlichen Atmosphäre statt. Es wird v. a. bei Eltern mit Migrationserfahrung auf die richtige Aussprache des Namens geachtet bzw. wenn nötig nachgefragt.
- Um Vertrauen zu schaffen, sollten zu Beginn nicht gleich Formalitäten geklärt, sondern den Eltern zugehört und Fragen zur Familie gestellt werden.
- Persönliche Daten, die kindliche Entwicklung in verschiedenen Bereichen, Krankheiten, Allergien, Gewohnheiten, Neigungen und besondere Bedürfnisse des Kindes sowie sozioökonomische Bedingungen der Familien werden aufgenommen (vgl. Situationsanalyse, Kapitel Didaktik der Kindergartenpädagogik).
- Bei Anwesenheit einer Dolmetscherin bzw. eines Dolmetschers ist der Blickkontakt in erster Linie mit den Eltern zu halten.
- Eltern erhalten eine schriftliche Information über die Einrichtung, z. B. in Form eines Folders. Für Eltern mit Migrationserfahrung steht die Information in ihrer Erstsprache zur Verfügung.
- Das pädagogische Konzept und spezielle Schwerpunkte des Kindergartens werden erläutert. Die Eingewöhnungszeit sollte speziell besprochen werden (vgl. Bäck et al., 2006). Bei Eltern mit Migrationserfahrung wird immer die (Zweit-) Sprachförderung, die Erziehung zur Selbstständigkeit sowie die religiöse Erziehung thematisiert.
- Den Eltern werden die Möglichkeiten der Bildungspartnerschaft dargestellt und es wird ihnen signalisiert, dass eine aktive Mitarbeit erwünscht ist. Zwischen Aufnahmegespräch und Eingewöhnungszeit werden die Erwartungen der meisten Eltern geprägt, entweder in Richtung Teilnahmslosigkeit oder aktive Beteiligung. Zu bedenken ist, dass sich manche Eltern über die Möglichkeit der Mitwirkung freuen, während andere durch diese Erwartung eher belastet werden (Textor, 2006).
- Auch die Eltern erhalten die Möglichkeiten, ihre Erwartungen an den Kindergarten zu formulieren.

3.1.3. Schnupperzeit

Erster Einblick durch Schnuppertage

Eltern und ihre neu eingeschriebenen Kinder sollen schon vor Kindergartenbeginn zu einem kurzen Aufenthalt in die künftige Gruppe eingeladen werden. Dadurch erhalten sie einen ersten Einblick in das Gruppengeschehen, können beobachten, aktiv teilnehmen und sich so mit der neuen Situation vertraut machen. Die Schnupperzeit signalisiert den Eltern die Offenheit des Kindergartens. Sie wird so ausgewählt, dass einerseits ein normaler Kindergartentag sichtbar wird und sich andererseits die Pädagogin/der Pädagoge – unterstützt durch zusätzliches Personal – zeitweise den Eltern und dem Kind widmen kann. Es sollte immer nur eine Familie eingeladen werden. Günstig sind Tageszeiten, in denen eher wenige Kinder anwesend sind.

Alle neuen Eltern und Kinder gemeinsam einladen

Alternativ dazu können alle neuen Eltern mit ihren Kindern zu einem Termin außerhalb der Anwesenheit der Kindergartenkinder eingeladen werden. Beim gemeinsamen Spiel lernen einander alle neuen Eltern kennen. Ein Nachteil ist, dass sie den Kindergartenalltag mit den Kindern der Gruppe nicht erleben.

3.1.4. Einführungsabend

Speziell für alle neuen Eltern kann ein Einführungsabend stattfinden. Dieser bietet Gelegenheit, das pädagogische Konzept, den Kindergartenalltag, Regeln des Kindergartens und den Umgang mit Krankheiten ausführlicher zu präsentieren und mittels Filmen und Fotos konkret darzustellen. Pädagoginnen und Pädagogen können häufig auftretende Fragen beantworten. Der Einführungsabend fördert den Kontakt der Eltern untereinander, die sich aufgrund der gemeinsamen Ausgangssituation gegenseitig unterstützen können. Eventuell stellen sich „erfahrene" Eltern zum direkten Austausch zur Verfügung.

Ausführliche Informationen beim Einführungsabend

3.1.5. Anwesenheit in der Eingewöhnungszeit

Aspekte der Eingewöhnung

Die Eingewöhnungszeit ist eine sensible Phase, da viele Kinder das erste Mal außerfamiliär betreut werden. Solche Phasen des Übergangs werden in der Forschung Transitionen genannt und bedürfen besonderer Aufmerksamkeit.
Die Eingewöhnungszeit sollte intensiv für den Aufbau der Bildungspartnerschaft genutzt werden. Durch die Anwesenheit der Eltern in den ersten zwei Wochen kann nicht nur das Kind allmählich Vertrauen und Sicherheit entwickeln und Kontakte zu Gleichaltrigen knüpfen, sondern auch die Eltern bekommen einen Einblick in das Kindergartengeschehen. Sie sollten in dieser Zeit aktiv daran teilhaben und als Spielpartnerinnen und -partner für alle Kinder zu Verfügung stehen. Die Fachkräfte weisen darauf hin, dass die Eingewöhnung rascher bewältigt wird,

wenn die Eltern ihnen die Möglichkeit geben, Kontakte zu ihrem Kind herzustellen. Es empfiehlt sich, die Eingewöhnung der neuen Kinder zeitlich versetzt zu planen, sodass sich die Pädagoginnen und Pädagogen den Eltern und dem neuen Kind widmen können. Zusätzliches Personal in der Gruppe ist während dieser Phase ein Zeichen guter Qualität und im Dienstplan zu berücksichtigen (vgl. Bäck et al., 2006).

3.2. Einzelkontakte

Individuelle Kontakte professionell gestalten

In diesem Abschnitt werden Möglichkeiten für informelle und formelle Gespräche über einzelne Kinder beschrieben, die wenn möglich bzw. bei Bedarf mit beiden Elternteilen stattfinden sollten. Vertrauliche Inhalte sollten niemals gegenüber anderen Eltern angesprochen werden. Persönliche Angelegenheiten oder problematische Themen werden nicht in Anwesenheit des betroffenen Kindes besprochen. Für eine qualitätsvolle Gestaltung von Einzelkontakten sind die Auseinandersetzung mit Literatur zur Gesprächsführung sowie der Besuch entsprechender Fortbildungsangebote zu empfehlen.

Buchtipps

- Schulz von Thun (2007, 1989). Miteinander reden 1 und 2.
- Bröder (2004). Gesprächsführung im Kindergarten.

Auf Eltern mit Migrationserfahrung sollte sich das Team speziell vorbereiten. Durch gemeinsame Fortbildungen im Team, in denen nicht nur theoretisches Wissen vermittelt wird, sondern auch Übungen in Kommunikation und Selbsterfahrung angeboten werden, können der professionelle Umgang gelernt und die eigenen Unsicherheiten gegenüber Fremdheit abgebaut werden.

3.2.1. Tür- und Angelgespräch

Austausch zwischen Tür und Angel

Diese informellen Kurzgespräche stellen die häufigste Form der täglichen Kontaktaufnahme mit den Eltern dar. Sie sollen ganz bewusst während des gesamten Jahres gepflegt werden. Mit Eltern von neu aufgenommenen Kindern sind diese Gespräche zu Beginn des Kindergartenjahres grundlegend. In den Bring- und Abholphasen sollte sich die Pädagogin bzw. der Pädagoge nahe der Türe platzieren, um Gesprächsbereitschaft zu signalisieren. Zusätzliches Personal schafft in dieser Zeit Gelegenheiten für eine lebendige und gelebte Kommunikationskultur. Durch offenes Zugehen auf Eltern zeigen die Pädagoginnen und Pädagogen ihr Interesse an der Bildungspartnerschaft.

Informationsaustausch über Alltägliches

Tür- und Angelgespräche bieten die Möglichkeit, ohne besonderen Anlass über den Gruppenalltag zu erzählen. Eltern interessieren sich für die alltäglichen Vorkommnisse ihres Kindes. Da Kinder nicht immer von sich aus erzählen, ist es günstig, wenn das pädagogische Personal den Eltern kleine Begebenheiten aus dem Gruppengeschehen mitteilt. Das stärkt die Vertrauensbasis und fördert eine tragfähige Beziehung. Für Eltern, die wenig Deutsch verstehen, können Fotos und mehrsprachige Informationstafeln hilfreich sein. Auch Eltern geben in Tür- und Angelgesprächen wesentliche Informationen über ihr Kind weiter, z. B. wenn ein Kind früher als sonst oder von jemand anderem abgeholt wird.

3.2.2. Telefongespräch

Mit Eltern, deren Kinder regelmäßig mit dem Bus nach Hause gebracht werden, wird mehrmals im Jahr telefonisch Kontakt aufgenommen, da keine Tür- und Angelgespräche möglich sind. Eltern wissen über diese Regelung Bescheid.

3.2.3. Sprechstunde

Regelmäßige Sprechstunden anbieten

In Sprechstunden steht der gegenseitige Austausch zwischen Eltern und Pädagoginnen bzw. Pädagogen über Entwicklung, Verhalten, emotionale Befindlichkeit, Vorlieben, Freundschaften des Kindes im Vordergrund. Auch wenn Tür- und Angelgespräche für den Gesprächsbedarf mancher Eltern nicht ausreichen, kann auf diese Möglichkeit verwiesen werden. Indem sich die Pädagogin bzw. der Pädagoge Zeit nimmt, signalisiert sie/er Interesse für die Anliegen der Eltern. Sprechstunden können auf zweierlei Art organisiert werden: Entweder werden sie auf Wunsch der Eltern individuell vereinbart oder es gibt eine fixe Stunde, zu der sich die Eltern für ein Gespräch eintragen können. Die zweite Art erleichtert es den Eltern, ein Gespräch einzufordern. Eltern werden am Kindergartenbeginn über den Modus informiert. Das Team kann sich auch überlegen, ob es gegenüber den Eltern den Wunsch äußert, z. B. einmal jährlich mit allen Eltern ein Gespräch zu führen.

3.2.4. Entwicklungsgespräch

Ausführliche Besprechung der kindlichen Entwicklung

Das Team kündigt bereits am Kindergartenbeginn an, dass Entwicklungsgespräche im Laufe des Jahres vorgesehen sind. Pädagoginnen und Pädagogen beobachten jedes Kind und dessen Entwicklung in unterschiedlichen Bereichen und dokumentieren Bildungsprozesse. Fotos und Zeichnungen können die Entwicklungsphasen und Interessen des Kindes veranschaulichen. Wenn Besonderheiten und (Verhaltens-) Auffälligkeiten bei einem Kind auftreten, sollten Beobachtungen von unterschiedlichen Fachkräften vorliegen, um möglichst objektive Schlussfolgerungen zu gewährleisten.

Die meisten Eltern sind daran interessiert, ob ihr Kind altersgemäße Fähigkeiten

Eltern interessieren sich für ihre Kinder

und Fertigkeiten entwickelt, am Gruppengeschehen teilnimmt und sich im Kindergarten wohlfühlt. Deshalb sind sie kontinuierlichen Beobachtungen gegenüber positiv eingestellt. Besondere Bedürfnisse, Interessen, Begabungen, Stärken oder Schwächen des Kindes können angesprochen werden. Zu beachten ist, dass Eltern bezüglich Schwächen und Auffälligkeiten ihres Kindes besonders hellhörig und sensibel sind. Um eine Abwehrhaltung seitens der Eltern zu vermeiden, die in solchen Fällen durchaus normal ist, muss klar und wertschätzend kommuniziert werden. Die Pädagogin bzw. der Pädagoge muss die Unterscheidung von beschreibender Beobachtung und Interpretationen kennen und mitteilen. Die beschreibende Beobachtung sollte im Rahmen eines Entwicklungsgespräches im Vordergrund stehen (vgl. Kapitel Beobachtung und Dokumentation).

Eltern als Expertinnen und Experten

Mit Beobachtungen und Begebenheiten von zu Hause können die Eltern ihren Beitrag zu einer ganzheitlichen Sichtweise der Entwicklung des Kindes leisten. Es wird sichtbar, ob sich das Kind zu Hause und im Kindergarten unterschiedlich verhält oder ähnliche Beobachtungen gemacht werden. Im Rahmen dieses Austausches wird besprochen, wie Eltern und Kindergartenpersonal die Entwicklung des Kindes gemeinsam bestmöglich fördern können.

Kindergarten und Eltern ziehen an einem Strang

Durch transaktionale Wechselbeziehung zwischen den Systemen Familie und Kindergarten werden optimalen Bedingungen für die kindliche Entwicklung geschaffen. Übereinstimmende Erziehungsziele sind anzustreben. Wenn diese aufgrund unterschiedlicher Sichtweisen nicht möglich sind, werden Kompromisse gesucht, die beide Seiten akzeptieren können. Gegebenenfalls werden mit den Eltern Vereinbarungen getroffen. Die Inhalte des Gespräches werden stichwortartig notiert und sind die Grundlage für weitere Gespräche.

3.2.5. Beratungsgespräch

Das Beratungsgespräch dient der gemeinsamen Auseinandersetzung mit Besonderheiten und Auffälligkeiten des Kindes bzw. mit Erziehungsfragen seitens der

Setting des Beratungsgesprächs

Eltern. Für ein Beratungsgespräch bedarf es eines speziellen Settings, einer entsprechenden Vorbereitung sowie einer professionellen Gesprächsleitung durch die Pädagogin bzw. den Pädagogen. Einerseits wird den Eltern ein Beratungsgespräch angeboten, wenn sie sich mit Fragen und Problemen vertrauensvoll an den Kindergarten wenden. Andererseits kann die Initiative von den pädagogischen Fachkräften ausgehen, wenn Besonderheiten, wie Entwicklungsrückstände oder spezielle

Eltern sollen eigene Bewältigungsstrategien finden

Begabungen bei einzelnen Kindern beobachtet werden. Dabei ist darauf zu achten, Eltern keine vorschnellen Lösungen für Probleme anzubieten, sondern sie beim Finden eigener Wege zu unterstützen, mit denen sie sich identifizieren können.

Für Eltern mit geringen Deutschkenntnissen ist eine Möglichkeit zur Übersetzung zu organisieren. Dies kann eine Person aus der Familie sein, die das uneingeschränkte Vertrauen der Familie genießt und sich im Gespräch neutral verhalten soll und kann. Günstiger ist es, wenn mit Einverständnis der Eltern eine unabhängige Person übersetzt.

3.2.6. Konfliktgespräch

Konflikte ansprechen

Konfliktgespräche werden vom Kindergarten eingefordert, wenn Eltern wesentliche Regeln oder Vereinbarungen nicht einhalten. Das ist der Fall, wenn Verhaltensweisen der Eltern bzw. unangemessene Anforderungen an den Kindergarten, wie z. B., dass ein Kind nicht mit einem bestimmten anderen Kind spielen soll, mit dem pädagogischen Konzept nicht vereinbar sind. Ein Konfliktgespräch bedarf ebenso wie das Beratungsgespräch eines speziellen Settings und einer besonders guten Planung seitens der Pädagoginnen und Pädagogen. Bei Eltern mit geringen Deutschkenntnissen ist in diesem Fall eine unabhängige Dolmetscherin bzw. ein Dolmetscher zu organisieren.

3.3. Bildungspartnerschaft im Gruppengeschehen

Öffnung des Kindergartens für die Eltern

Den eindruckvollsten Einblick in die Arbeit des Kindergartens erhalten Eltern, wenn sie direkt am Gruppengeschehen teilnehmen können. Dies stellt für jedes Team eine große Herausforderung dar und sollte gut überlegt werden. Ein Anliegen der transaktionalen Bildungspartnerschaft ist die schrittweise Öffnung des Kindergartens für die Eltern. Durch eine umweltoffene Bildungsarbeit können Eltern die pädagogische Gestaltung des Kindergartenalltags erleben. Vor allem Eltern mit Migrationserfahrung und geringen Deutschkenntnissen erhalten so einen direkten Zugang zur Arbeitsweise des Kindergartenteams.

3.3.1. Einladung in den Alltag des Kindergartens

Teilnahme der Eltern am Alltag

In Absprache mit dem gesamten Team erhalten Eltern die Möglichkeit, mehrere Stunden am Geschehen des Kindergartenalltags teilzunehmen. Dabei müssen Unsicherheiten und Einwände einzelner Kolleginnen und Kollegen berücksichtigt werden. Um Missverständnisse zu vermeiden, werden Regeln sowie die Erwartungen an das Verhalten der Eltern in der Besuchszeit formuliert. Dazu zählt z. B., ob eine Anmeldung erforderlich ist. Es sollte mit den Kindern kein spezielles Programm für diesen Besuch geplant werden. Die Eltern gewinnen dadurch Einblick in die pädagogische Arbeit und erhalten Anregungen für das eigene Erzieherverhalten. Indem sie beobachten, wie anspruchsvoll die Arbeit mit einer großen Kindergruppe ist, entwickelt sich häufig ein neues Verständnis für die Rolle der Fachkräfte, und Eltern begegnen ihnen mit mehr Respekt (Textor, 2006).

3.3.2. Aktive Mitarbeit der Eltern im Gruppengeschehen

Ressourcen der Eltern für die Mitarbeit nutzen

Eltern stellen mit ihrem Wissen und ihren Fertigkeiten eine Ressource für die Kindergartenarbeit dar und können sich aktiv in Bildungsprozesse und Projekte einbringen. Am ersten Elternabend kann unverbindlich erhoben werden, welche Eltern Interesse, Zeit und passendes Fachwissen für Kindergartenkinder haben. Eltern könnten Aktivitäten wie z. B. zur gesunden Ernährung anbieten oder mit den Kindern Speisen aus ihrem jeweiligen Herkunftsland zubereiten. Es können auch Exkursionen zu den Arbeitsplätzen der Eltern – soweit diese für Kinder durchschaubar sind – geplant werden. Wesentlich ist eine gute Vorbereitung dieser Angebote gemeinsam mit den Eltern.

3.4. Bildungspartnerschaft mit mehreren Eltern

Angebote für alle Eltern

Angebote für mehrere oder alle Eltern dienen zur Information und bieten Diskussionsmöglichkeiten. Für solche Veranstaltungen sind erwachsenengerechte Methoden, rhetorische Wissen, Leitungskompetenz und Moderationsfähigkeit notwendig. Veranstaltungen, wo mehrere Eltern zusammentreffen, sind ein geeignetes Forum, um Kontakte der Eltern untereinander zu ermöglichen.
Die Pädagogin/der Pädagoge sollte sich bewusst sein, dass sie/er für alle Eltern eine wichtige Bezugperson ist. Daher sollte mit allen Eltern Kontakt aufgenommen werden. Dies gilt besonders für Eltern verschiedener kultureller Herkunft.

3.4.1. Elternabend

Elternabende zur Präsentation des pädagogischen Konzepts

Inhalte für den Elternabend

Elternabende sind in Österreich gesetzlich vorgeschrieben und dienen in erster Linie zur Vermittlung pädagogischer Anliegen und zum gegenseitigen Kennenlernen. Die meisten organisatorischen Informationen können ebenso gut in schriftlicher Form weitergegeben werden und sollten nicht vorrangiges Thema des Elternabends sein. Der Elternabend eignet sich besonders, um Bildungsprozesse der Kinder im Kindergartenalltag oder bei Bildungsanboten sowie das pädagogische Konzept des Kindergartens anschaulich und transparent mittels Film oder Fotos darzustellen. Eltern können Gelegenheit erhalten, Spielmaterialien in verschiedenen Bereichen im Kindergarten selbst auszuprobieren. Eine kurze Einführung zur Handhabung und zum pädagogischen Wert der Bildungsmittel ist sinnvoll. Bei einer hohen

Anzahl von Kindern mit einer anderen Erstsprache als Deutsch sollte das pädagogische Konzept zur Sprachförderung bzw. zur Förderung der Mehrsprachigkeit erläutert werden. Besonders der erste Elternabend kann mit einem gemütlichen Zusammensein ausklingen, sodass Eltern die Gelegenheit haben, einander besser kennen zu lernen.

Vorträge von Referentinnen und Referenten

Pädagoginnen und Pädagogen aus anderen Kindergärten mit Zusatzausbildungen bzw. Spezialwissen oder externe Expertinnen bzw. Experten können als Referentinnen und Referenten eingeladen werden. Ausstellungen von Kinderwerken oder Bilderbüchern machen den Abend für Eltern noch attraktiver.

Zeitgerechte Planung

Wichtig sind die zeitgerechte Aussendung der Einladung (mindestens 3 Wochen vorher), die günstige Auswahl des Tages und der Uhrzeit. Wesentliche Faktoren für einen guten Besuch des Elternabends sind die Berücksichtigung des Zeitbudgets und der Berufstätigkeit der Eltern sowie die Auswahl interessanter Themen. Diese Aspekte können durch eine Befragung der Eltern geklärt werden.

3.4.2. Elternbeirat

Eltern vertreten ihre Interessen

Der Elternbeirat setzt sich aus Elternvertreterinnen und -vertretern zusammen, die am Anfang des Kindergartenjahres von den Eltern gewählt werden. Ein Elternbeirat sollte in Absprache mit dem Träger gegründet werden und gibt die Vorstellungen aller Eltern einer Gruppe an das Kindergartenteam weiter. Diese können sowohl die pädagogische Arbeit als auch organisatorische und strukturelle Anregungen gegenüber dem Träger und kommunalen Umfeld betreffen. Die Verantwortlichen des Kindergartens bzw. des Trägers setzen sich mit den Anliegen der Eltern auseinander und überlegen deren Umsetzbarkeit. Im Sinne eines transaktionalen Austausches wird der Elternbeirat regelmäßig über die Ergebnisse dieser Gespräche sowie über aktuelle Entwicklungen im Kindergarten informiert.

3.4.3. Elternrunde

Auseinandersetzung mit vielfältigen Themen

Elternrunden werden durch den Kindergarten initiiert und dienen der intensiven inhaltlichen Erarbeitung relevanter pädagogischer Themen. Sie bieten auch einen geschützten Rahmen für die Auseinandersetzung mit sensiblen oder tabuisierten Inhalten, wie z. B. der kindlichen Sexualität, der Autonomiephase etc. Im Vordergrund steht der Austausch von Erfahrungen der Eltern untereinander. Die unterschiedlichen Perspektiven und Zugangsweisen von einzelnen Müttern und Vätern können mögliche Modelle für andere Eltern darstellen und entlastend wirken. Die

Pädagoginnen und Pädagogen können ihr Fachwissen einbringen, sollten aber eher zurückhaltend sein und die Moderation übernehmen.

3.4.4. Jour fixe

Treffen in gemütlicher Atmosphäre

In regelmäßigen Abständen und auf freiwilliger Basis treffen sich Eltern und das Kindergartenteam in einer gemütlichen Atmosphäre zu einem informellen Austausch. Beim Jour fixe sind alle Themen erlaubt, auch solche, die nicht unmittelbar mit der Kindergartenarbeit in Zusammenhang stehen. Das Team gibt die Termine am Kindergartenbeginn bekannt. Kleine Speisen und Getränke können mit Hilfe der Eltern organisiert werden. Zur Förderung transaktionaler Wechselbeziehungen mit der Öffentlichkeit können diese Treffen auch für andere Personen der Gemeinde oder aus anderen Institutionen, wie z. B. der Volksschule, zugänglich gemacht werden.

3.4.5. Feste und Feiern

Miteinander feiern

Feste und Feiern bieten Gelegenheit, in einer lockeren Atmosphäre miteinander in Kontakt zu kommen. Eltern lernen einander, die anderen Kinder und das Team besser kennen. Günstig ist es, ein Fest bereits am Kindergartenbeginn durchzuführen. Eltern und Kinder sollten aktiv an Vorbereitung, Gestaltung und Durchführung des Festes mitwirken. Die Pädagoginnen und Pädagogen achten darauf, während der Veranstaltung mit allen Eltern in Kontakt zu treten.

Interkulturelle Feste planen

Besonders wertvoll kann ein interkulturelles Fest sein, bei dem Eltern mit Migrationserfahrung in die Gestaltung einbezogen werden, indem sie z. B. Speisen mitbringen und/oder kulturelle Bräuche vorstellen.

3.4.6. Veranstaltungen für spezielle Elterngruppen

Angebote für bestimmte Eltern

Um spezielle Elterngruppen erreichen und deren Bedürfnisse berücksichtigen zu können, ist es günstig, zielgruppenorientierte Angebote zu setzen. Solche Gruppen sind z. B. Väter, Alleinerziehende, Eltern mit Mitgrationserfahrung, Großeltern, Eltern mit Einzelkindern oder Großfamilien, Angehörige von Integrationskindern etc. Für diese Veranstaltungen müssen die Rahmenbedingungen gut auf die Zielgruppe abgestimmt werden. So könnte z. B. für allein erziehende Eltern eine Kinderbetreuung organisiert werden. Mit solchen Veranstaltungen kann der Kindergarten der gesellschaftlichen Realität gerecht werden und gesellschaftspolitische Akzente setzen, indem er z. B. die Bedeutung der Väter für Kinder hervorhebt.

3.5. Durch Medien unterstützte Bildungspartnerschaft

Vorteile der medienunterstützten Bildungspartnerschaft

Medien sind Kommunikationsmittel, mit deren Hilfe Informationen weitergegeben werden. Der Vorteil von medienunterstützter Bildungspartnerschaft ist, dass das Team die jeweiligen Informationen für bestimmte Zielgruppen, z. B. für alle Eltern, spezielle Elterngruppen, die Öffentlichkeit etc., passend aufbereiten kann.
Die Angesprochenen können die Informationen je nach Zeitbudget und Interesse aufnehmen und nachlesen.
Bei der Gestaltung der Inhalte sollte u. a. auf folgende Kriterien geachtet werden:

Kriterien der Gestaltung

- Formale Präsentationskriterien wie z. B. Schriftgröße, Qualität der Kopien, Übersichtlichkeit etc.
- Aktualität der Inhalte
- Verständlichkeit der Texte – dies kann z. B. mittels Gegenlesen durch eine fachfremde Person überprüft werden
- Beachtung des Datenschutzes

Für Eltern mit einer anderen Erstsprache als Deutsch sollten kurze Beiträge oder Zusammenfassungen in den jeweiligen Sprachen vorhanden sein oder einzelne Texte übersetzt werden. Dies signalisiert das Interesse an einem interkulturellen Austausch.

3.5.1. Schaukasten und Wandtafel

Präsentation des Kindergartens nach außen

Diese Medien dienen zur Information der Öffentlichkeit sowie der Dokumentation der Bildungsarbeit und müssen daher regelmäßig aktualisiert werden. Sie präsentieren den Kindergarten und die pädagogische Arbeit und machen neugierig.
Je nach Standort haben die Inhalte unterschiedliche Schwerpunkte.

Wandtafeln machen die Arbeit transparent

Wandtafeln innerhalb des Kindesgartens bereiten detaillierte Informationen für Eltern auf. Insbesondere nicht sichtbare Bildungsprozesse, wie z. B. die Entwicklung der Sozialkompetenz oder einer gemeinsamen Konfliktkultur, sollten transparent gemacht werden. Ausgestellte Materialien und Fotos tragen zu einer Veranschaulichung der pädagogischen Arbeit bei.
Es ist darauf zu achten, dass bei Präsentationen von Kinderwerken im Laufe des Jahres alle Kinder berücksichtigt und keine Bewertungen vorgenommen werden.

3.5.2. Elternzeitung

Inhalte der Elternzeitung

In kontinuierlichen Abständen kann für die Eltern eine Zeitung hergestellt werden. Sie kann auszugsweise die pädagogische Orientierung, aktuelle pädagogische Anliegen und Schwerpunkte, erzieherische Fragen, entwicklungspsychologische

Grundlagen, interessante Begebenheiten, Ankündigungen von geplanten Unternehmungen sowie Texte von Liedern, Gedichten etc. beinhalten. Die Beiträge sollten mit Fotos und Grafiken aufgelockert werden.

3.5.3. Elternbrief oder Newsletter

Informationen mittels Elternbrief

Elternbriefe werden an alle Familien weitergegeben und eignen sich dazu, organisatorische und inhaltliche Informationen zu vermitteln. In digitaler Form kann der Elternbrief als Newsletter versendet werden. Dabei ist zu beachten, dass nicht alle Eltern über einen Internetzugang verfügen oder dieses Medium nützen wollen.

3.5.4. Homepage

Präsentation des pädagogischen Konzepts im Internet

Die Homepage ist ein geeignetes Medium, den Kindergarten sowie das pädagogische Konzept und organisatorische Strukturmerkmale vorzustellen. Sie kann auch für aktuelle Hinweise und Kurzberichte über Elternveranstaltungen genutzt werden. Links zu anderen Institutionen verdeutlichen die transaktionale Vernetzung des Kindergartens mit der kulturellen Umwelt.

3.5.5. Befragung

Erstellung von Fragebögen

Mittels Fragebögen können – im Einvernehmen mit dem Träger – bestimmte Themen bzw. die Zufriedenheit der Eltern erhoben werden. Wichtig ist Klarheit im Team über das Ziel der Befragung. Bei der Formulierung von Fragen muss auf Gütekriterien geachtet werden, wie z. B. das Vermeiden von Suggestivfragen oder doppelten Verneinungen etc. Daher ist es bei der Erstellung eines eigenen Fragebogens nötig, sich das entsprechende Know-how mittels Fachliteratur oder Fortbildungen anzueignen oder eine externe Expertin bzw. einen Experten hinzuzuziehen. Günstig ist es, wenn ein Träger Fragebögen zu verschiedenen Themen erstellt, die diese Gütekriterien beachten, und den Kindergärten zur Verfügung stellt. Befragungen sollten in den meisten Fällen anonym erfolgen. Eltern sind über die Ergebnisse der Erhebung sowie eventuelle Konsequenzen, die sich daraus für das Team ergeben haben, zu informieren. Evaluationen und Befragungen, die für Studien verwendet werden, müssen wissenschaftlich begleitet werden.

3.5.6. Elternbriefkasten

Briefkasten für Elternanregungen

Ein Briefkasten für Anregungen der Eltern signalisiert Offenheit des Teams. Eltern erhalten dadurch jederzeit die Gelegenheit, anonym Wünsche und Kritik an das Team weiterzugeben. Zu beachten ist, dass Wünsche und Beschwerden einzelner

Eltern nicht zwingend zu Änderungen führen müssen. Das Team überlegt, ob die Anregungen in das pädagogische Konzept passen. Bei Bedarf kann etwa ein spezielles Thema am Elternabend zur Diskussion gestellt werden. Wichtig ist es, den Eltern mitzuteilen, dass eine Auseinandersetzung im Team stattgefunden hat.

3.5.7. Konzeption

Konzeption zur Öffentlichkeitsarbeit

Eine Konzeption ist eine schriftliche Darstellung der organisatorischen Rahmenbedingungen und der inhaltlichen Schwerpunkte eines Kindergartens (vgl. Kapitel Pädagogische Qualität). Die Konzeption sollte auf Anfrage der Eltern jederzeit verfügbar sein oder, wenn möglich, allen Eltern ausgehändigt werden. Eltern sollten auch Gelegenheit erhalten, an der Um- und Neugestaltung der Konzeption mitzuwirken (Tietze & Viernickel, 2002).

4. PLANUNG UND REFLEXION DER BILDUNGSPARTNERSCHAFT

Bildungspartnerschaft als wechselseitiger Austausch zwischen Kindergarten und Familien wird von vielen Faktoren beeinflusst. Für eine professionelle Gestaltung der Bildungspartnerschaft sind Fachwissen und ein planvolles Vorgehen unerlässlich.

4.1. Situationsanalyse der Elterngruppe

Analyse der Elterngruppe als Grundlage der Planung

Aus transaktionaler Sicht und im Sinne einer konstruktiven Bildungspartnerschaft ist es notwendig, über den Lebenshintergrund der Familien Bescheid zu wissen. Einerseits ist dieses Wissen über die Familien Grundlage für die pädagogische Arbeit mit den Kindern. Andererseits können die Pädagoginnen und Pädagogen erkennen, welche Möglichkeiten und Methoden der Zusammenarbeit sinnvoll und passend erscheinen und eine hohe Elternbeteiligung erwarten lassen. Angebote der Bildungspartnerschaft können so kundenorientiert auf die Eltern abgestimmt werden. Dabei werden Interessen und Ressourcen der Eltern mitberücksichtigt. Eltern in Karenz werden z. B. andere Voraussetzungen mitbringen als Eltern, die Vollzeit berufstätig sind. Familien mit gutem sozialen Netzwerk können möglicherweise mehr mitarbeiten als Familien, die keine Unterstützung genießen.
Die notwendigen Informationen dazu werden im Aufnahmegespräch persönlich

eingeholt. Wichtig ist es, für dieses Gespräch ausreichend Zeit einzuplanen und den Eltern Vertraulichkeit zuzusichern. Im Laufe des Kindergartenjahres sollten die Angaben bei Bedarf ergänzt werden. Folgende Informationen werden – sofern sie nicht bereits aufgrund der Anmeldung vorliegen – im Rahmen der Situationsanalyse erhoben:

- Familien- bzw. Lebensform
- Beruf und Arbeitszeiten
- Wohnort
- Konfession
- Kultureller Hintergrund und Erstsprache(n)
- Aktuelle und andere wichtige Informationen

4.2. Phasen der Bildungspartnerschaft

Eltern erleben während ihrer Zusammenarbeit mit dem Kindergarten unterschiedliche Phasen, in denen jeweils andere Prozesse im Vordergrund stehen.

Orientierung beim Eintritt in den Kindergarten

- **Kennenlernen und Orientierung:** Neue Eltern werden erst allmählich mit dem Team des Kindergartens und anderen Eltern vertraut und lernen die Abläufe sowie Regeln der Institution kennen. In dieser Phase sind Eltern häufig unsicher, suchen den Kontakt zur Pädagogin/zum Pädagogen und benötigen Unterstützung und detaillierte Information. Die Beziehung zur Pädagogin bzw. zum Pädagogen wird aufgebaut und mit anderen Eltern verglichen. Eltern sind in dieser Phase besonders aufnahmebereit, deshalb sollte diese Zeit über den Beziehungsaufbau hinaus für Informationsaustausch über das Kind und den Kindergarten genützt werden. Eltern, die schon länger Kinder im Kindergarten haben, können neue Eltern mit ihrem Wissen unterstützen.

Möglichkeiten zur Mitarbeit anbieten

- **Sicherheit und Vernetzung:** Zunehmend entwickelt sich Vertrautheit zwischen allen Beteiligten. Die einzelnen Kompetenzen der Eltern kristallisieren sich heraus und können eingebunden werden. Einige Eltern sind bereit, sich einzubringen und Verantwortung zu übernehmen. Im bestmöglichen Fall gelingt es, die Eltern miteinander zu vernetzen und gemeinsame Projekte zu initiieren. Andere Eltern können oder wollen weniger am Kindergartenalltag teilnehmen. Dies muss akzeptiert werden. Wichtig ist jedoch, dass auch diesen Eltern immer wieder Möglichkeiten der Mitarbeit angeboten werden.
- **Abschied und Übergang:** Vor dem Austritt der Kinder aus dem Kindergarten kommt es zu einer Phase des Abschieds, die wiederum viel Sensibilität aller

Abschied vom Kindergarten nehmen

Beteiligten erfordert. Einerseits geht es um die Loslösung aus einer vertrauten Umgebung und das Ende eines Lebensabschnitts. Falls noch Geschwister im Kindergarten sind oder aufgenommen werden, fällt der Abschied weniger intensiv aus. Andererseits beschäftigen sich die Eltern schon mit dem Eintritt des Kindes in die Schule. In jedem Fall sollten Pädagoginnen und Pädagogen diese Abschiedsphase bewusst wahrnehmen, spezielle Angebote setzen und die Eltern und ihre Kinder dabei begleiten.

4.3. Reflexion der Bildungspartnerschaft

Neue Impulse durch Reflexion

Bildungspartnerschaft bedarf ebenso wie die Arbeit mit den Kindern einer regelmäßigen Reflexion, um die Gestaltung der jeweiligen Angebote rückblickend kritisch zu beleuchten. Daraus können sich neue Impulse und Anregungen ergeben. Besonders wichtig ist die Reflexion nach konfliktreichen Situationen in der Bildungspartnerschaft. Wenn notwendig, sollte das Team Moderation, Mediation oder Supervision in Anspruch nehmen.

5. CHECKLISTE FÜR DIE PLANUNG

Anhand des folgenden Praxisbeispiels werden die unterschiedlichen Aspekte der Planung von Angeboten für Eltern dargestellt:

ASPEKT	LEITFRAGE	BEISPIEL
Zielsetzung	Was wollen wir erreichen?	Information über und Auseinandersetzung mit der pädagogischen Position des Kindergartens
Thema	Welcher Inhalt soll bearbeitet werden?	Bild vom Kind, Bildungsverständnis und Rolle der Pädagoginnen und Pädagogen
Zielgruppe	Wer wird angesprochen?	Alle Eltern
Art des Angebots	Welches Angebot eignet sich am besten für die Umsetzung?	Elternabend
Termin	Zu welcher Zeit können möglichst viele Eltern teilnehmen?	Aufgrund einer Umfrage unter den Eltern wird Mittwoch, 20 – 21:30 Uhr, fixiert.
Zeitpunkt der Einladung	Welcher Zeipunkt gewährleistet die Teilnahme vieler Eltern?	Eine Terminvorschau wurde zu Beginn des Jahres ausgegeben.
Ort	Welcher Platz eignet sich?	Hortgruppenraum, da es dort ausreichend erwachsenengerechte Möbel gibt.
Material/Medien	Welche Materialien und Medien unterstützen die Umsetzung?	Handout über die pädagogische Position des Kindergartens für jede Familie, Laptop und Beamer, Aufnahmegerät, Kärtchen, Stifte und Flipchart für Kleingruppenarbeit.

ASPEKT	**LEITFRAGE**	**BEISPIEL**
Expertinnen/ Experten	Ist die Unterstützung externer Referentinnen/ Referenten notwendig?	Keine externen Referentinnen/Referenten notwendig
Verantwortungsbereiche im Team	Welches Teammitglied übernimmt bis wann welche Aufgabe?	• Leitung bereitet Präsentation vor. • Eine Fachkraft (N.N.) besorgt die Materialien. • Zwei Fachkräfte (N.N.) überlegen und moderieren die Kleingruppenarbeit. • Eine Fachkraft (N.N.) befragt einige Kinder mit einem Aufnahmegerät über ihre Vorstellungen, wie Erwachsene im Kindergarten sein sollten. • Assistentinnen und Assistenten bereiten den Raum vor.
Mitarbeit der Eltern	Können Eltern bei diesem Angebot mitarbeiten?	Eltern organisieren das Buffet
Mitarbeit der Kinder	Können Kinder in das Angebot einbezogen werden?	Sie werden befragt, wie Erwachsene im Kindergarten sein sollen.

Teamarbeit im Kindergarten

Teamarbeit als Grundlage des gemeinsamen Erfolgs

Gute Teamarbeit ist Voraussetzung und wertvolle Ressource für innovative, fachgerechte und qualitativ hochwertige transaktionale Bildungsprozesse im Kindergarten. Teamarbeit ergibt sich nicht von selbst aus dem gemeinsamen Arbeitsverhältnis mehrerer Kolleginnen und Kollegen. Krenz (2002, S. 28) definiert Team als eine „Arbeits- und Leistungsgruppe, die zielorientiert tätigkeitsnotwendige Aufgaben in Angriff nimmt und in effektiver und effizienter Zusammenarbeit aktuelle Herausforderungen erkennt, aufgreift und konstruktiv löst." Teamarbeit ist ein dynamischer Prozess und muss erarbeitet, reflektiert und weiterentwickelt werden. Die Leitung muss sich ihrer zentralen Rolle dabei bewusst sein. Bei guter Teamarbeit ist der gemeinsame Erfolg aller Mitglieder größer als die Summe dessen, was Einzelne zu leisten im Stande wären.

1. QUALITÄTSBEREICHE DER TEAMARBEIT

In Anlehnung an die Qualitätsbereiche der pädagogischen Arbeit mit Kindern können für die Teamarbeit ebenso Aspekte der Struktur-, Orientierungs- und Prozessqualität beschrieben werden.

1.1. Strukturqualität der Teamarbeit

Gute Strukturqualität unterstützt die Teamarbeit

Qualitätsvolle strukturelle Rahmenbedingungen stellen die Basis für eine erfolgreiche Entwicklung der Teamarbeit dar. Dazu zählen günstige räumliche Bedingungen, wie z. B. ein eigener Raum, der dem gesamten Team Platz bietet und mit bequemen Möbeln ausgestattet ist. Das Equipment für die Teamarbeit sollte u. a. Folgendes umfassen: Kopierer, Computer mit Internetanschluss, Digital- und Videokamera, Fernseher und DVD-Player, Flipchart, Pinnwand etc.
Gute Teamarbeit ist nur dann möglich, wenn dafür ausreichend zeitliche Ressourcen vorgesehen sind und der Dienstplan kontinuierliche Besprechungen für alle ermöglicht.

Produktive Arbeitsgruppen

Ein wesentlicher Faktor für das Gelingen der Teamarbeit ist die Anzahl der Personen. Um miteinander produktiv arbeiten zu können, ist eine Gruppengröße von 5 bis 7 Personen ideal. Je mehr Mitglieder ein Team umfasst, desto komplexer werden die Interaktionen. Bei zu großen Gruppen ist es daher günstig, Untergruppen zu bilden, um arbeitsfähig zu bleiben. Damit der Informationsfluss gewährleistet ist, kann je eine Vertreterin bzw. ein Vertreter jeder Untergruppe gemeinsam mit der Leitung ein Kernteam bilden. Die Aufgabe des Kernteams ist es, alle Informationen zusammenzuführen und Entscheidungen zu treffen.

1.2. Orientierungsqualität der Teamarbeit

Orientierungsqualität meint die Einstellungen und Haltungen der einzelnen Teammitglieder in Bezug auf die Teamarbeit sowie die Bedeutung, die dem Team an sich beigemessen wird. Dies umfasst auch die Einstellung dazu, wer dem Team angehört, z. B. Pädagoginnen und Pädagogen, Helferinnen und Helfer, Assistentinnen und Assistenten etc.

Folgende Aspekte tragen zu einer hohen Orientierungsqualität der Teamarbeit bei:

Aspekte einer förderlichen Haltung

- Die Zusammenarbeit basiert auf einer Atmosphäre des Vertrauens und gegenseitigen Respekts. Bei Kolleginnen und Kollegen mit Migrationserfahrung ist auf Wertschätzung gegenüber ihrer Kultur zu achten.
- Alle Teammitglieder kennen die gesetzlichen Grundlagen für die pädagogische Arbeit im Kindergarten und den institutionellen Auftrag von Seiten des Trägers.
- Sie wissen über die jeweiligen Aufgaben- und Stellenbeschreibungen in den unterschiedlichen Funktionen Bescheid.
- Jede Kollegin/jeder Kollege ist sich ihrer/seiner Fachkompetenz und fachlicher Grenzen bewusst.
- Teamarbeit wird als Unterstützung für die eigene Arbeit angesehen.
- Durch Selbstreflexion werden eigene Ängste und Unsicherheiten bewusst gemacht und bei Bedarf unter Supervision oder Coaching bearbeitet.

1.3. Prozessqualität der Teamarbeit

Inhalte der Teamarbeit

Teamarbeit ist ein transaktionaler Prozess, der durch die persönliche Bereitschaft aller Beteiligten, sich konstruktiv einzubringen, erfolgreich ist. Das gemeinsame Ziel ist, Bewährtes zu erhalten und Neues erfolgreich zu integrieren. Viele Kompetenzen für ein gelingendes Miteinander werden im Laufe der Berufspraxis erworben. Diese können zugleich eine Bereicherung für die Persönlichkeitsentwicklung jedes einzelnen Teammitgliedes werden. Die Interaktionen untereinander sollten sich durch folgende Aspekte auszeichnen:

- Teamarbeit erfordert Kooperationsfähigkeit, gegenseitige Wertschätzung und die Bereitschaft, Verantwortung zu übernehmen.

Aspekte der Interaktionen im Team

- Neugierde und Offenheit der Teammitglieder führen zu einer lebendigen Teamkultur und zu innovativen Arbeitsweisen.
- Durch Konsensfähigkeit, Kommunikations- und Verhandlungskompetenz werden Diskussionsprozesse begünstigt.
- Die Fähigkeit zur Reflexion fördert die intensive Auseinandersetzung mit fachlichen Inhalten und setzt Lernprozesse im Team in Gang.
- Je besser jedes Teammitglied seine eigenen Stärken und Schwächen in der pädagogischen Arbeit kennt, umso gezielter kann im Team damit umgegangen werden.
- Durch Beobachtung und Feedback unter Kolleginnen und Kollegen besteht die Möglichkeit, die Selbst- und Fremdwahrnehmung zu überprüfen, z. B. hinsichtlich Erziehungsstil, Sprachverhalten etc.
- Konflikte sind Teil von Gruppenprozessen und sollen als Chancen angesehen werden. Um Konflikte konstruktiv bewältigen zu können, bedarf es der Fähigkeit, Spannungen und unterschiedliche Meinungen auszuhalten sowie mit angemessener Kritik umzugehen.
- Konkurrenz kann ein Merkmal des Teams sein. Diese sollte bewusst wahrgenommen und reflektiert werden, sodass die Beziehungen untereinander, zu Eltern und Kindern nicht beeinträchtigt werden.

1.3.1. Entwicklungsphasen einer Gruppe

Gruppendynamische Aspekte von Teams

Mehrere Personen bilden eine Gruppe, wenn sie gemeinsame Anliegen und Ziele haben und zur Einsicht kommen, diese miteinander besser umsetzen und erreichen zu können (Langmaack & Braune-Krickau, 2000). Obwohl sich Gruppen je nach Thema, Umfeld, unterschiedlichen Persönlichkeiten und jeweiliger Leitung unterscheiden, durchlaufen sie bei längerer gemeinsamer Arbeitszeit gewisse Entwicklungsphasen. Das Wissen über ein Phasenmodell kann wertvolle Hinweise für die Gestaltung von Prozessen, für das Verstehen von Verhaltensweisen und für schwierige Situationen geben. Phasenmodelle fassen die häufigsten und auffälligsten Phänomene in der jeweiligen Phase zusammen. Nachfolgend wird das Modell von Bernstein und Lowy, das mehrere Aspekte berücksichtigt, dargestellt (Jilesen, 2002).

Einander kennen lernen

- **Die Phase der Orientierung** zeichnet sich durch ein erstes Kennenlernen, höfliche Umgangsformen und das Streben nach Sicherheit aus. Jede/jeder bringt eigene frühere Gruppenerfahrungen mit, die den Hintergrund für die Wahrnehmung in der neuen Gruppe bilden. Die einzelnen Personen müssen aufgrund bestimmter Erwartungen ihre eigene Rolle finden. Es besteht noch

kein Vertrauensverhältnis, kein Wir-Gefühl, und alle sind eher zurückhaltend. Die Befriedigung der eigenen Bedürfnisse steht im Vordergrund. Primäre Bezugspunkte sind die zu behandelnden Aufgabenstellungen und die Teamleitung.
In dieser Phase ist es wichtig, dass die Leitung Distanz zulässt und unterstützt, das Kennenlernen erleichtert und zu Vertrauen ermuntert.

Beziehungen klären und Gruppennormen finden

- In der **Phase des Machtkampfs und der Kontrolle** kommt es zu unterschwelligen Konflikten und zum Kampf um die (informelle) Führung der Gruppe. Einzelne Mitglieder ringen miteinander und mit der Gruppenleitung um die eigene Rolle innerhalb der Gruppe und um gemeinsame Gruppennormen. Meinungen und Gefühle werden häufig angesprochen, die Beziehungen werden geklärt und Subgruppen können entstehen. Diese Phase ist für die Weiterentwicklung der Gruppe von Bedeutung. In Gruppen, in denen die zentralen Fragen der Gruppenstruktur, wie Rollen, Normen und Ziele, nicht entschieden werden können, bleibt der Machtkampf bestehen. Sie gelangen nicht in die Phase der Vertrautheit und Intimität. Werden die Differenzen jedoch bewältigt, kann ein Grundkonsens gebildet werden und jedes Teammitglied erhält eine Position.
  In dieser Phase ist es wichtig, dass die Leitung Auseinandersetzung zulässt, Machtkämpfe klärt und Aufgaben stellt, die gemeistert werden können.

Ein Wir-Gefühl entwickelt sich

- In der folgenden **Phase der Vertrautheit und Intimität** entsteht ein Wir-Gefühl, Ideen und Gedanken werden offen ausgetauscht. Es herrscht ein freundschaftliches Klima des Vertrauens und Aufeinanderbezogenseins, es kommt verstärkt zu zwischenmenschlichem Engagement und die Arbeitsfähigkeit nimmt zu. Das Team wächst zunehmend zusammen, jedes Mitglied bringt seine Fähigkeiten ein und man einigt sich rasch.
  In dieser Phase soll die Leitung darauf achten, dass auch Unmut und Ärger ausgedrückt werden dürfen und, wenn notwendig, darüber kommuniziert wird, da die Mitglieder nun Konflikte zugunsten der Harmonie eher vermeiden.

Die gemeinsame Aufgabe steht im Mittelpunkt

- In der **Phase der Differenzierung** fließt die gesamte Teamenergie in die Aufgabenbewältigung. Aufgrund der Gruppenstabilität und des Zusammenhalts ist die Gruppe besonders leistungsfähig, hat gemeinsame Ziele und es gibt kaum Machtprobleme. Der Umgang untereinander ist zwanglos und beruht auf gegenseitiger Achtung und Unterstützung. Das Team hat eine Identität entwickelt und zeigt sich nach außen als intakte Gruppe.
  In dieser Phase ist es wichtig, dass die Leitung der Gruppe zu Selbstständigkeit verhilft und Gelegenheit bietet, als Einheit in Bezug auf andere Gruppen zu han-

deln. Die Gruppe kann sich entwickeln, wenn über Beziehungen offen gesprochen wird und die Strukturen, wie Rollen, Normen, Ziele etc., veränderbar sind.

Abschied nehmen und Rückschau halten

- In der **Phase der Trennung und Ablösung** stehen Rückschau und Auswertung im Vordergrund. Die Auflösung einer Gruppe bedeutet Trennung, der Schmerz wird durch die Reflexion der Bedeutung der Gruppe für jede/n Einzelne/n sowie der Bedeutung des/der Einzelnen für die Gruppe gemildert. So kann das Ende der Gruppe besser akzeptiert werden.
  In dieser Phase ist es wichtig, dass die Leitung die gemeinsame Auswertung und Reflexion anleitet und jedes Mitglied seinen Weg gehen lässt.

Zu beachten ist, dass die Dauer der einzelnen Phasen nicht beschrieben ist und diese auch wiederholt durchlebt werden können, z. B. wenn ein neues Teammitglied eintritt oder sich eine Änderung der Aufgabenstellung ergibt. Für „erstarrte" Gruppen kann ein neues Mitglied auch eine Belebung bringen.

1.3.2. Kommunikationsregeln in Arbeits- und Lernprozessen

Ein Team besteht aus unterschiedlichen Individuen, die ihre Stärken und Schwächen sowie ihre Geschichte und Persönlichkeit einbringen. Die Mitglieder entwickeln Freude an der Arbeit und Sympathien füreinander, es entstehen aber auch Antipathien und Konflikte. Teamarbeit ist also eine sehr komplexe Angelegenheit.
Die folgenden Kommunikationsregeln aus der Themenzentrierten Interaktion von Ruth Cohn wurden aus gelungenen Kooperations- und Kommunikationsprozessen abgeleitet und können für das Miteinander v. a. bei Besprechungen hilfreich sein (Langmaack & Braune-Krickau, 2000):

Kommunikationsregeln aus der Themenzentrierten Interaktion

- Vertritt dich selbst in deinen Aussagen: Sprich per „ich" und nicht per „wir" oder per „man"! Wenn „man" oder „wir" verwendet werden, übernimmt die/der Sprechende nicht die volle Verantwortung für das, was sie/er sagt. Sie/er versteckt sich hinter einer öffentlichen Meinung oder einer behaupteten Mehrheit. Eigene Bedürfnisse und Wünsche müssen also per „ich" transportiert werden.
- Wenn du eine Frage stellst, sage, warum du fragst und was deine Frage für dich bedeutet! Fragen sind wichtig in der Kommunikation, sollen aber nicht bedrängend und suggestiv eingesetzt werden. Auch ein Interview verhindert den Dialog. Wenn die Gründe für eine Frage sichtbar gemacht werden, kann dies zu einem Impuls für die Gruppe werden.
- Sei authentisch und selektiv in deiner Kommunikation, mache dir bewusst, was du denkst und fühlst, und wähle, was du sagst und tust! Authentisch sein bedeutet, eigene Gedanken und Gefühle nicht zu vernachlässigen. Diese zeigen, was ein

Teammitglied braucht, wünscht oder tun sollte. Es sollte jedoch nicht alles, was unmittelbar gedacht bzw. gefühlt wird, ausgesprochen werden. Abhängig von der Tragfähigkeit der Beziehungen, dem Inhalt einer Aussage und den äußeren Umständen sollten Mitteilungen verantwortungsvoll ausgewählt werden. Dies ist der Mittelweg zwischen undifferenzierter Offenheit und ängstlicher Zurückhaltung.

- Seitengespräche als Signal aufnehmen! Seitengespräche stören die Kommunikation der Gruppe und sind meist wichtig. Deshalb sollen sie Beachtung finden. Wenn einzelne Personen Seitengespräche führen, sind sie entweder stark am Thema beteiligt oder gar nicht.
- Nur eine/einer zur gleichen Zeit, bitte! Niemand kann mehr als einer Äußerung zur gleichen Zeit zuhören. Damit sich alle konzentrieren können, müssen alle Beiträge nacheinander erfolgen. Konzentriertes Interesse wird durch aktives Zuhören gefördert und unterstützt den Zusammenhalt der Gruppe.
- Beachte die Signale aus deinem Körper und achte auf solche Signale auch bei den anderen! Auf die Sprache des Körpers zu achten, verschafft zusätzliche Informationen über das Gesprochene und Gehörte hinaus. Allerdings muss beachtet werden, dass Körpersignale häufig keineswegs eindeutig sind.
- Verwende den Dreischritt „Ich nehme wahr, dass ..., und das bedeutet für mich ..., und deshalb will ich ... tun!“ Der Übergang von der Wahrnehmung („Was sehe, höre ich?“) zur Interpretation läuft oft nicht bewusst ab und führt schnell zu Urteilen bzw. Vorurteilen, die das Handeln und weitere Wahrnehmungen beeinflussen. Der Dreischritt hilft zu unterscheiden, vorschnelles Reagieren zu vermeiden und Abwehr zu mindern.

2. ZIELE DER TEAMARBEIT

Teamarbeit ist das gemeinsame Anstreben ausgewählter Ziele. Die Leitung des Kindergartens ist dafür verantwortlich, dass die folgenden grundlegenden Ziele umgesetzt werden können und dass deren Evaluation erfolgt.

2.1. „Corporate Identity“

Ein gemeinsames Profil entwickeln

„Corporate Identity“ ist die strategisch geplante Selbstdarstellung eines Kindergartens nach innen und außen (Wagner, 1999). Das Team kann sich ein gemeinsames unverwechselbares Profil erarbeiten, mit dem sich alle Mitarbeiterinnen und Mitarbeiter identifizieren. Jedes Teammitglied sollte sich dafür mitverantwortlich fühlen. Wirtschaftspsychologische Erkenntnisse weisen darauf hin, dass die Identifizierung mit der Organisation motiviert, engagiert zu arbeiten. Das führt zu einem förderlichen Arbeitsklima und zu einer hohen Arbeitsbereitschaft und -zufriedenheit der Mitarbeiterinnen und Mitarbeiter.

2.2. Organisation und Planung der pädagogischen Arbeit

Gute Organisation erleichtert Teamprozesse

Die Leitung hat die Aufgabe, in Absprache mit dem Träger alle Verantwortungsbereiche zu definieren. Sie plant die Arbeitsprozesse, schafft klare Strukturen, definiert Kompetenzen, koordiniert Aufgaben und delegiert Zuständigkeiten an einzelne Mitarbeiterinnen und Mitarbeiter. Diese werden an den Prozessen beteiligt und erhalten dadurch Mitverantwortung.

Alle werden informiert

Im Team werden Termine, Ausstattung, Gruppenstruktur, pädagogisches Geschehen, Projekte sowie die Bildungspartnerschaft bzw. Öffentlichkeitsarbeit geplant.
Die Leitung sorgt dafür, dass alle Teammitglieder jene Informationen, die für einen reibungslosen Arbeitsablauf notwendig sind, erhalten. Informationen können entweder persönlich oder mittels entsprechender Medien, wie z. B. Flipchart, Protokollen, E-Mails oder Umlaufmappen transparent gemacht werden.
Die Leitung ist auch dafür verantwortlich, dass das pädagogische Geschehen für Eltern und Öffentlichkeit transparent wird. Dabei achtet sie darauf, dass durch Diskussionen im Team eine gemeinsame Meinungsfindung stattfindet und diese nach außen vertreten wird.

2.3. Wertschätzende Teamatmosphäre

Eine gute Atmosphäre schaffen

Ein positiver Umgang miteinander ist wichtig für das Wohlbefinden aller Mitarbeiterinnen und Mitarbeiter und für eine gute Atmosphäre, die auch für Kinder und Eltern spürbar ist. Die Leitung prägt mit ihrer Persönlichkeit und mit ihrem Umgang mit den Mitarbeiterinnen und Mitarbeitern die Teamatmosphäre wesentlich mit. Gruppendynamische Aspekte und Phasen der Teambildung müssen berücksichtigt werden. Alle Pädagoginnen und Pädagogen sollen entsprechend ihrer Persönlichkeit ihre Rolle im Team finden, mit der sie sich identifizieren können. Im Transaktionsansatz wird eine Ausgewogenheit zwischen gemeinsamer Absprache und persönlichem Freiraum angestrebt. Diese Balance zwischen Selbstverwirklichung und Anpassung an die Gruppe ist ein wesentlicher Faktor des Wohlbefindens.

Gegenseitige Unterstützung

Gegenseitige Unterstützung durch den Austausch von Ideen, Methoden und Materialien erleichtert die anspruchsvolle pädagogische Arbeit. Offenes gruppenübergreifendes Arbeiten ermöglicht eine Arbeitsaufteilung entsprechend den Fähigkeiten einzelner Fachkräfte. Gemeinsame pädagogische Überlegungen, wie z. B. der

Umgang mit Konflikten in der Kindergruppe, geben jedem Teammitglied Sicherheit in der pädagogischen Arbeit mit den Kindern und in der Argumentation im Rahmen der Eltern- und Öffentlichkeitsarbeit.

2.4. Konstruktive Konfliktkultur

Offener Umgang mit Konflikten

Überall, wo mehrere Menschen zusammenarbeiten, kommt es durch unterschiedliche Bedürfnisse und Werthaltungen zu Reibungsflächen. Es ist wichtig, im Team einen offenen Umgang mit Differenzen zu entwickeln und diese konstruktiv zu bewältigen. Voraussetzungen dafür sind Vertrauen, wertschätzende Umgangsformen und Wissen über Kommunikationsprozesse. Wichtig ist, dass genügend Zeit für Konfliktgespräche eingeplant und, wenn nötig, Supervision in Anspruch genommen wird. Hilfreich kann auch die Unterstützung durch Moderation oder Mediation sein.

Das Team als Vorbild für Kinder

Kinder lernen durch Beobachtung und Nachahmung der Verhaltensweisen Erwachsener. Ein wertschätzender Umgang im Team ist deshalb auch eine wichtige Lernerfahrung für Kinder. Nicht bewältigte Konflikte, die über einen längeren Zeitraum unter den Kolleginnen und Kollegen offen oder subtil ausgetragen werden, können Kinder sehr verunsichern. Dies ist auch in der Bildungspartnerschaft mit Eltern zu beachten. So sollte z. B. über Kolleginnen und Kollegen vor Eltern und Kindern niemals abwertend gesprochen werden.

2.5. Erweiterung der Fachkompetenz

Im Team lernen

Ein innovatives Team versteht sich als lebenslang lernendes System. In der Auseinandersetzung mit pädagogischen Themen wird die Fach- und Methodenkompetenz weiterentwickelt. Dabei bildet sich eine lebendige Wissensgemeinschaft, die Bereitschaft zu Veränderungen ins sich trägt und Visionen hat. Die Reflexion und der kollegiale Austausch im Team sind alltägliche Möglichkeiten, die eigene Fachkompetenz mittels anderer Blickwinkel und fachlicher Anregungen von Kolleginnen und Kollegen voranzutreiben. Es ist wichtig, sich dafür regelmäßig Zeit zu nehmen.

Unterstützung durch die Leitung

Die Leitung hat die Aufgabe, allen Mitarbeiterinnen und Mitarbeitern fachliche Unterstützung für ihre Arbeit zu geben. Weiters hat sie die Möglichkeit, durch Beobachtung der Pädagoginnen und Pädagogen in der Gruppe Stärken und verbesserungswürdige Bereiche zu erkennen und in der Rückmeldung entsprechende Maßnahmen zu empfehlen (Tietze et al., 2007).

Hospitationen eröffnen neue Blickwinkel

Für die fachliche Weiterentwicklung der Teammitglieder können Hospitationen in anderen Gruppen oder in anderen Kindergärten mit Modellcharakter organisiert werden. Das Ziel ist es, innovative Arbeitsweisen und Methodenvielfalt sowie deren

Umsetzung kennen zu lernen. Solche Hospitationen könnten als Fortbildungsveranstaltung vom Träger angeboten werden. Im Anschluss an die Hospitation findet ein Abschlussgespräch statt, in dem offene Fragen geklärt werden.

Auseinandersetzung mit Fachliteratur

Die kritische Auseinandersetzung mit Fachliteratur ist ebenfalls eine Methode der Professionalisierung. Im Austausch können die Teammitglieder einander über verschiedene Inhalte informieren und die Praxisrelevanz für die eigene Arbeit besprechen. Eine gute Fachbuchsammlung, die vielfältige und aktuelle Bücher und Fachzeitschriften umfasst, trägt zu einer ausgezeichneten Qualität bei (Tietze et al., 2007).

Fortbildung gemeinsam planen

Der Besuch von Fortbildungsveranstaltungen ist selbstverständlicher Bestandteil der Kindergartenarbeit. Durch eine gemeinsame Planung im Team können persönliche Wünsche der Kolleginnen und Kollegen, aber auch der fachliche Bedarf zur Umsetzung des pädagogischen Konzepts berücksichtigt werden. Einerseits können Fortbildungsveranstaltungen von einzelnen Teammitgliedern besucht werden, die neue Inhalte als Multiplikatorin/Multiplikator im Team präsentieren. Andererseits führen Fortbildungen, die speziell für das gesamte Team organisiert werden, zu einem hohen Lernertrag. Ein ausgezeichneter Standard für Fortbildung ist, wenn diese in der Dienstzeit durchgeführt werden kann und finanziell vom Träger unterstützt wird.

2.6. Betreuung von Praktikantinnen und Praktikanten

Angehende Kolleginnen und Kollegen kompetent begleiten

Eine wichtige Aufgabe des Kindergartens ist die Begleitung von Praktikantinnen und Praktikanten in der Ausbildung. Erste praktische Erfahrungen und Modelle sind prägend für zukünftige Berufseinsteigerinnen und -einsteiger. Deshalb sollte dieses Thema im Team gut überlegt und vorbereitet werden.

Für diese verantwortungsvolle Aufgabe sollten erfahrene Kolleginnen und Kollegen zur Verfügung stehen. Ein spezieller Lehrgang, in dem z. B. Beurteilungskriterien, Gesprächsführung und Beobachtungskompetenz vermittelt werden, wäre günstig. Für eine qualitätsvolle Anleitung von Praktikantinnen und Praktikanten sowie für Besprechungen sind zusätzliche kinderdienstfreie Zeiten notwendig. Die Begleitung von angehenden Fachkräften kann auch eine Bereicherung für das Team sein, indem diese neue Methoden und Erkenntnisse einbringen, die als Impuls wirken können.

3. ORGANISATIONSFORMEN DER TEAMARBEIT

Gute Zusammenarbeit bedarf eines überlegten strukturellen Rahmens und bedeutet, dass von Seiten des Trägers und/oder der Leitung entschieden werden muss, welche Formen der Teamarbeit notwendig bzw. günstig sind. Die Organisation im Detail obliegt der Leitung.

3.1. Teambesprechung

Teambesprechungen als Basis der Teamkultur

Teambesprechungen haben das Ziel, die Verständigung der Kolleginnen und Kollegen untereinander, mit dem Träger, den Eltern und nach außen zu gewährleisten und zu fördern. Sie sind für eine gute pädagogische Qualität des Kindergartens grundlegend und müssen mindestens einmal im Monat von der Leitung geplant werden. Dabei sollte das pädagogische Personal und bei Bedarf das gesamte Team teilnehmen.

Inhalte von Teambesprechungen

Teambesprechungen befassen sich u. a. mit folgenden Themen: Planung und Weiterentwicklung der pädagogischen Angebote, Zusammenarbeit mit den Familien, berufliche Fortbildung, Verantwortlichkeiten für bestimmte Aufgaben, Bewältigung von Problemen und Konflikten etc. Durch solche inhaltlichen Auseinandersetzungen werden der Zusammenhalt im Team und die Entwicklung eines gemeinsamen Profils gefördert (Tietze & Viernickel, 2002).
Alle Kolleginnen und Kollegen sollten die Möglichkeit haben, ihre Wünsche und Themen für Besprechungen mitzuteilen, z. B. auf einer Anschlagtafel oder in einem Heft. Das hat den Vorteil, dass sich jedes Teammitglied ernst genommen fühlt und persönliche Anliegen zur Sprache kommen.

Vorbereitung und Moderation

Für das Gelingen der Teambesprechung ist eine gute Vorbereitung notwendig und eine Tagesordnung hilfreich. Die Moderation kann von der Leitung, von einzelnen Kolleginnen und Kollegen oder durch eine externe Moderation übernommen werden und umfasst folgende Aufgaben: Gesprächseröffnung, Abklärung der Erwartungen, Reihung der Wortmeldungen, Zeitmanagement, Sammlung von Beiträgen, gegebenenfalls Aufforderung bisher Unbeteiligter zu einer Wortmeldung sowie Zusammenfassung und Beendigung der Besprechung. Auch das Durchführen von Abstimmungen oder das Herbeiführen tragfähiger Beschlüsse zählen dazu. Kreative Methoden wie Brainstorming, Pro- und Contra-Listen und Ähnliches können helfen, neue Impulse und Perspektiven zu erhalten. Zur Veranschaulichung dienen Flipchart, Kärtchen, Mind-Mapping, Grafiken etc.

Aufgaben der Moderation

Die Moderatorin bzw. der Moderator behält das Ziel des Gesprächs im Auge und stellt die eigene Meinung zurück. Dabei muss ein Mittelmaß zwischen straffer Organisation und Diskussionsmöglichkeit geschaffen werden. Bei Konflikten ist es das Ziel der Moderation, die Sachebene in den Vordergrund zu stellen und die Arbeitsfähigkeit des Teams aufrecht zu erhalten. Für schwierige Konfliktsituationen muss ein geeignetes Setting, wie Mediation, Supervision, Coaching oder ein Einzelgespräch, organisiert werden.

Protokolle dokumentieren die Besprechung

Die wesentlichen Aspekte der Teambesprechung müssen in einem Protokoll festgehalten werden. Die Protokolle werden in einer für alle Kolleginnen und Kollegen zugänglichen Mappe gesammelt und sind zum Nachschlagen bzw. für abwesende Mitarbeiterinnen und Mitarbeiter einsehbar. Ein Protokoll beinhaltet u. a. Ort, Datum, Zeit, Anwesende, Fehlende, Moderation, Schriftführung, Inhalte und Themen, Register für Arbeitsaufteilung bzw. -zuteilung etc.

3.2. Mitarbeiterinnengespräch/Mitarbeitergespräch

Die berufliche Weiterentwicklung besprechen

Das Mitarbeiterinnen- bzw. Mitarbeitergespräch zwischen Leitung und einzelnen Mitarbeiterinnen und Mitarbeitern sollte einmal jährlich durchgeführt werden. Ziel ist, die berufliche Weiterentwicklung sowie persönliche Möglichkeiten und Wünsche zu erörtern. Notwendige Maßnahmen zum Erreichen der besprochenen Ziele, wie z. B. Fortbildung oder personelle Veränderungen, werden überlegt. Auf der Grundlage von Beobachtungen kann die Leiterin/der Leiter Stärken und Schwächen rückmelden und Unterstützung anbieten.

3.3. Pädagogischer Tag

Intensive Auseinandersetzung mit pädagogischen Themen

Ziel eines pädagogischen Tages ist die Qualitätsentwicklung und Qualitätssicherung. Durch die intensive Auseinandersetzung mit pädagogischen Themen, dem pädagogischen Konzept sowie mit aktueller Fachliteratur werden innovative Inhalte erarbeitet. Dieser Tag eignet sich besonders für die Jahresplanung, die Entwicklung gemeinsamer Projekte und die Erstellung einer Konzeption. Das gesamte Team sollte teilnehmen und sich aktiv einbringen können. Ein pädagogischer Tag sollte halbjährlich an einem kinderdienstfreien Arbeitstag durchgeführt werden.

In Klausur gehen

Eine besonders intensive Form der Auseinandersetzung stellt eine Klausur dar, in der über zwei bis drei Tage an einem Thema gearbeitet wird. Für den Teamprozess ist es förderlich, sich außerhalb des Kindergartens, z. B. in einem Bildungshaus, zu treffen.

3.4. Kollegiale Beratung

Beratung durch Kolleginnen und Kollegen

Die kollegiale Beratung, die auch Intervision genannt wird, ist eine Beratung von beruflich gleichgestellten und fachkompetenten Kolleginnen und Kollegen.
Im Vordergrund steht der Austausch von Erfahrungen im Team mit dem Ziel, ein Problem einer Kollegin bzw. eines Kollegen zu analysieren und neue Wege aufzuzeigen. Voraussetzung ist ein Vertrauensverhältnis zwischen den Teammitgliedern. Der Ablauf kann sich folgendermaßen gestalten:

- Problemfälle oder -situationen werden gesammelt und das Team trifft gemeinsam eine Auswahl für die kollegiale Beratung.
- Die/der Ratsuchende schildert den Fall. Zur Klärung der Sachlage dürfen von der Gruppe nur Verständnisfragen gestellt werden.
- Wenn die Sachlage ausreichend beschrieben ist, zieht sich die/der Ratsuchende aus dem aktiven Kreis zurück und hört nur zu. Die Gruppe diskutiert den Fall, jede/jeder bringt die eigene Meinung, Interpretationen und Vermutungen ein.
- Nach diesem Austausch meldet die/der Ratsuchende zurück, was ihr/ihm besonders wichtig war.
- Die Gruppe überlegt weitere verschiedene Lösungsansätze und stellt diese eventuell im Rollenspiel dar.
- Als Abschluss beschreibt die/der Ratsuchende, welche Ideen hilfreich waren und welche Erkenntnisse sie/er gewonnen hat (Tietze, 2003).

3.5. Supervision

Supervision wurde am Beginn des 19. Jahrhunderts in den USA zunächst als Praxisanleitung und Tätigkeitskontrolle durch Vorgesetzte im sozialpädagogischen Bereich angewendet. In den Zwanziger Jahren des 20. Jahrhunderts entwickelte sich Supervision zu einer Beratung und therapeutischen Unterstützung, die die Reflexion der beruflichen Tätigkeit begleitet.

Schwierige Situationen durch Supervision begleiten

In der Supervision können persönliche, zwischenmenschliche und institutionell bedingte Probleme, die sich im jeweiligen Berufsfeld ergeben, begleitet werden. Bedingungen einer erfolgreichen Supervision sind: Freiwilligkeit der Teilnahme, verbindliche Vereinbarung der Rahmenbedingungen, Bereitschaft zur Offenheit, Verpflichtung zu regelmäßiger Teilnahme und zur Vertraulichkeit sowie Offenlegung des Supervisionskonzepts. Die Supervision wird von einer Supervisorin/einem Supervsior mit Kommunikations-, Methoden- und Feldkompetenz angeleitet (Köck, 2004). Für den Kindergarten bietet sich damit die Möglichkeit, schwierige Fälle mit Kindern oder Eltern, Konflikte im Team oder eine Organisationsanalyse durch Supervision begleiten zu lassen. Supervision kann in der Gruppe, Teilgruppe oder für einzelne Personen organisiert werden.

3.6. Gemeinschaftsaktionen

Die Leitung sollte ein- bis zweimal im Jahr eine gemeinsame Freizeitaktivität für das Team anbieten, z. B. einen Ausflug oder ein Frühstück. Dies stärkt den Zusammenhalt, fördert das persönliche Kennenlernen unter den Kolleginnen und Kollegen und bietet Gelegenheit, außerhalb der beruflichen Rollen zu agieren.

Pädagogische Qualität

Qualitätsentwicklung zur Optimierung von Bildungsprozessen

Die Beschäftigung mit Qualität bzw. Qualitätsentwicklung ist seit den Neunziger Jahren international ein aktuelles Thema in verschiedenen Bereichen des öffentlichen Lebens – von der Wirtschaft, dem Gesundheitssystem bis hin zu Schulen und Universitäten. Entwicklungs- und Bildungsprozesse von Kindern sind ganz entscheidend von der Qualität jener Orte abhängig, an denen Bildung stattfindet. Daher müssen die Auseinandersetzung mit Qualität und das Streben nach Qualitätsoptimierung im Kindergarten fest verankert sein.

1. DER QUALITÄTSBEGRIFF

Das Wort stammt vom lateinischen Wort qualitas ab, das „Beschaffenheit, Verhältnis, Eigenschaft" bedeutet. Der Begriff Qualität ist also an sich ohne Wertung.

Qualität – ein dynamisches Konzept

Qualität muss als dynamisches Konzept gesehen werden. Neue wissenschaftliche Theorien oder Erkenntnisse und veränderte gesellschaftliche Bedingungen und Erfordernisse führen dazu, dass auch Qualitätsanforderungen einer kritischen Überprüfung unterzogen werden müssen.

Qualität aus unterschiedlichen Perspektiven

Die Ansprüche an die Qualität eines Produktes bzw. einer Dienstleistung unterscheiden sich auch in Abhängigkeit von den Bedürfnissen der jeweiligen Betrachterin bzw. des Betrachters. So werden Kinder oder Eltern die Qualität eines Kindergartens anders definieren als z. B. der Träger der Einrichtung oder die Pädagoginnen und Pädagogen, die dort arbeiten. Für Kinder sind beispielsweise stabile Beziehungen und Freundschaften wichtig, für Eltern geringe Kosten oder flexible Öffnungszeiten, für den Träger können ökonomische Faktoren eine wesentliche Rolle spielen und das Personal wünscht sich bestimmte räumliche Rahmenbedingungen für seine Arbeit.

2. ZIELSETZUNGEN DER QUALITÄTSOFFENSIVE IM KINDERGARTEN

Bildung beginnt mit der Geburt eines Menschen. Aus der aktuellen Forschung ist bekannt, dass Lernprozesse in der frühen Kindheit das Lernverhalten und die Lern-

Frühe Bildung als Basis späterer Lernprozesse

motivation für das weitere Leben prägen. Deshalb hat der Kindergarten eine essenzielle Stellung in der Bildungslaufbahn eines Menschen. Der damit verbundene Bildungsauftrag kann nur unter Berücksichtigung wesentlicher Qualitätskriterien erfüllt werden.

Als wichtigste Zielsetzungen der Qualitätsentwicklung im Kindergarten nennen Tietze et al. (2007):

Zielsetzungen der Kindergartenarbeit

- das körperliche, sozial-emotionale und intellektuelle Wohlbefinden der Kinder und die Förderung ihrer Entwicklung in diesen Bereichen sowie
- die Unterstützung der Familien in ihren Bildungs-, Betreuungs- und Erziehungsaufgaben.

Langzeitwirkung guter Qualität für die kindliche Entwicklung

Wissenschaftliche Erkenntnisse haben gezeigt, dass die Qualität des Kindergartens Langzeitauswirkungen hat und sich in Schulleistungs- und Entwicklungsunterschieden der Kinder bis in die zweite Klasse Grundschule niederschlägt. Der Einfluss der Familie auf die kindlichen Entwicklungs- und Lernprozesse ist in diesem Alter allerdings deutlich größer. Dabei sind vor allem die Qualität der familiären Beziehungen sowie Bildung und sozioökonomische Situation der Eltern von Bedeutung (Tietze, 2001; Tietze, Roßbach & Grenner, 2005). Kinder aus sozial benachteiligten und/oder bildungsfernen Familien profitieren deshalb besonders von einem frühen Kindergartenbesuch – vorausgesetzt, die Einrichtung ist qualitätsvoll. Eine schlechte pädagogische Qualität des Kindergartens verringert die Bildungschancen dieser Kinder wiederum besonders (Strehmel, 2008).

Aktuelle gesellschaftliche Anforderungen

Durch gesellschaftliche Veränderungen – kleinere Familien bzw. sinkende Kinderzahlen, allein erziehende Eltern, Flexibilisierung der Arbeitszeiten etc. – ergeben sich neue Ansprüche an elementare Bildungseinrichtungen wie den Kindergarten: Alterserweiterung, variable Öffnungszeiten, Mitbestimmung der Eltern sowie Einbindung in die Gemeinde sind nur einige Kriterien, die an Bedeutung gewinnen. Aufgrund der demografischen Entwicklung werden in unserer Gesellschaft immer weniger Arbeitskräfte zur Verfügung stehen – deren fundierte Ausbildung wird deshalb immer wichtiger.

Kindergarten – ein Dienstleistungsbetrieb

Zunehmend kommt auch der Begriff der Dienstleistung ins Spiel: Familien sind Kundinnen und Kunden, der Kindergarten ist ein Dienstleistungsunternehmen. Gute Qualität wird Familien überzeugen, einem bestimmten Kindergarten gegenüber anderen den Vorzug zu geben. Kindergärten können sich durch die Erstellung eines Leitbildes, eines Profils und einer Konzeption in der Öffentlichkeit mit ihren Schwerpunkten präsentieren. Dort, wo Eltern unter mehreren Kindergärten wählen können, ist dies eine Möglichkeit, die Wettbewerbsfähigkeit zu erhöhen.

Qualitätssicherung dient auch dazu festzustellen, ob die eingesetzten finanziellen Mittel effizient und effektiv im Sinne der Entwicklung der Kinder genutzt werden. Dazu zählt z. B. eine Verbesserung der strukturellen Rahmenbedingungen.

Qualität aus Sicht der Eltern

Bei der Auswahl eines Kindergartens für ihr Kind sollten sich auch Eltern mit Fragen der pädagogischen Qualität auseinandersetzen. Abhängig von ihrem persönlichen Lebenshintergrund werden sich die Erwartungen an den Kindergarten stark unterscheiden. Dem Buch „Mehr Qualität für Kinder“ (Hartmann & Stoll, 2004) ist eine Checkliste beigefügt, die Eltern dabei helfen kann, sich bewusst zu werden, welche Aspekte pädagogischer Qualität ihnen besonders wichtig sind. So können bei Informationsgesprächen konkrete Fragen gestellt bzw. bestimmte Aspekte des Kindergartenalltags aufmerksamer wahrgenommen werden.

Checkliste zur pädagogischen Qualität

3. BEREICHE PÄDAGOGISCHER QUALITÄT

Qualität aus Sicht des Kindes

Pädagogische Qualität rückt die Sichtweise und die Bedürfnisse der Kinder in den Mittelpunkt des Interesses und macht diese zum Maßstab für die Qualität eines Kindergartens. Gute Qualität ist dann gegeben, wenn Kinder optimale Bedingungen für ihre individuelle Entwicklung sowie vielfältige Bildungschancen vorfinden.
Qualität in elementaren Bildungseinrichtungen ist ein umfassendes Konzept. Es lässt sich in folgende Bereiche gliedern:

- Strukturqualität
- Orientierungsqualität
- Prozessqualität (Tietze et al., 1998)

Viernickel (2006) betont zusätzlich die Bedeutung der Organisations- und Managementqualität. Dazu zählen u. a. die fachliche Leitung, die über wirtschaftliche Kompetenz und gute Kontakte zum Träger verfügen sollte, die Personalführung sowie die Öffentlichkeitsarbeit der Einrichtung.

3.1. Strukturqualität

Strukturelle Rahmenbedingungen beeinflussen Prozessqualität

Strukturqualität umfasst die situationsunabhängigen, zeitlich stabilen Rahmenbedingungen der Kindergartengruppe und des Kindergartens. Zur Strukturqualität zählen u. a. die Gruppengröße, der Personal-Kind-Schlüssel, die Räume und die Ausstattung, die Kindern und Personal drinnen und draußen zur Verfügung stehen. Auch die Qualifikation des Personals sowie die Zeit für Vorbereitung, Reflexion und Fortbildung sind Strukturkriterien. Die Prozessqualität im Kindergarten wird von diesen vorgegebenen pädagogischen und organisatorischen Strukturen beeinflusst. Aspekte der Strukturqualität sind im Allgemeinen politisch bzw. vom Träger einer Einrichtung direkt geregelt bzw. regulierbar.

3.2. Orientierungsqualität

Pädagogische Haltungen und Werte

Orientierungsqualität bezieht sich auf die pädagogischen Vorstellungen, Werte und Überzeugungen sowie die professionellen Leitbilder aller Erwachsenen, die in die Arbeit mit den Kindern eingebunden sind (Pädagoginnen und Pädagogen, Leiterinnen und Leiter, Helferinnen und Helfer bzw. Assistentinnen und Assistenten, Träger). Diese Aspekte unterliegen dem gesellschaftlichen Wandel und müssen daher immer wieder auf ihre Gültigkeit überprüft werden. Zur Orientierungsqualität zählen das Bild vom Kind, die Vorstellungen der Pädagoginnen und Pädagogen von Bildung und Erziehung sowie pädagogische Ziele, Prinzipien und Normen.
Die Vertretung eines bestimmten pädagogischen Konzeptes, z. B. Montessori- oder Reggiopädagogik, ist ebenso Bestandteil pädagogischer Orientierungsqualität wie Auffassungen über die Aufgaben der Eltern und Familien. Diese Haltungen entstehen aufgrund der Sozialisation der Erziehenden und werden durch die Aus- und Fortbildung geprägt. Pädagogische Orientierungen bilden wie die Kriterien der Strukturqualität Rahmenbedingungen für das direkte pädagogische Handeln und beeinflussen somit die Prozessqualität.

Bereichsübergreifende Qualitätskriterien

Kriterien, die sich auf Struktur- und Orientierungsqualität beziehen

Einige Qualitätskriterien lassen sich sowohl der Struktur- als auch der Orientierungsqualität zuordnen. Dazu zählen die Qualifikation der Mitarbeiterinnen und Mitarbeiter, die Fortbildung, die Entwicklung einer Konzeption sowie das pädagogische Curriculum (Bildungsplan). Ob und in welchem Ausmaß diese Kriterien verfügbar sind, ist Bestandteil der Strukturqualität. Der inhaltliche Aspekt bezieht sich auf die Orientierungsqualität. Als Beispiel dient die Fortbildung für Pädagoginnen und Pädagogen: Die Möglichkeit, Fortbildungsveranstaltungen in einem bestimmten Umfang zu besuchen, ist ein Strukturmerkmal. Zur Orientierungsqualität hingegen zählen die professionellen Haltungen, Werte und Vorstellungen, die durch die Inhalte von Fortbildungsveranstaltungen beeinflusst werden.

3.3. Prozessqualität

Interaktionen und Prozesse im Kindergarten

Prozessqualität umfasst die Gesamtheit der Interaktionen und Erfahrungen eines Kindes mit seiner sozialen, räumlich-materialen und kulturellen Umwelt im Kindergarten. Zur sozialen Umwelt zählen im Sinne des Transaktionsansatzes alle Kinder der Gruppe sowie alle Erwachsenen, mit denen das Kind im Kindergarten in Kontakt tritt, also neben den Pädagoginnen und Pädagogen auch Helferinnen und Helfer, Eltern etc. In der Prozessqualität spiegeln sich die täglich erfahrbaren dynamischen Aspekte des Kindergartenalltags wider, die die Atmosphäre prägen. Auch im Tranksaktionsansatz stehen pädagogische Prozesse im Mittelpunkt, die sich in einer Bildungsarbeit niederschlagen, die

- die Sicherheit und Gesundheit der Kinder garantiert,
- das Wohlbefinden der Kinder und ihre Eingebundenheit in die Kindergruppe unterstützt,
- alltägliche Routinen entwicklungsangemessen gestaltet sowie
- durch entsprechende Angebote die Balance transaktionaler Prozesse zum Ziel hat.

Die Einbeziehung und die Unterstützung der Familien im Rahmen der Bildungspartnerschaft sind ebenfalls Bestandteile der Prozessqualität.

Wechselseitige Beeinflussung von Qualitätsbereichen

Prozesse sind abhängig von Struktur- und Orientierungsqualität

Die konkrete Prozessqualität wird annähernd zur Hälfte durch Strukturbedingungen bestimmt (Tietze et al., 1998). Damit kommt der Politik in ihrer Zuständigkeit für hinreichende Strukturbedingungen eine ähnlich hohe Verantwortung für gute pädagogische Prozessqualität zu wie den in der Praxis tätigen Pädagoginnen und Pädagogen: Diese können durch engagierte und professionelle Arbeit bis zu einem gewissen Grad auch mit nicht optimalen Rahmenbedingungen gute pädagogische Prozesse gestalten. Auf der anderen Seite müssen sich politische Instanzen ihrer Verantwortung bewusst sein, wenn es um die Auswirkungen von Investitionen in die Strukturqualität geht, wie z. B. die Optimierung des Personal-Kind-Schlüssels. Eine externe Qualitätseinschätzung kann helfen, gezielt Investitionen zu planen und z. B. die Verantwortlichkeiten des Trägers zu verdeutlichen. An dieser Stelle wollen wir Fachkräfte im Kindergarten ermutigen, sich für die Verbesserung der Rahmenbedingungen ihrer Arbeit zu engagieren.

Wissenschaftliche Erkenntnisse als Grundlage für Qualitätskriterien

4. QUALITÄTSKRITERIEN

Qualitätsanforderungen sind zwar bis zu einem gewissen Grad individuell zu formulieren und unterscheiden sich je nach der Perspektive der Betrachterinnen und Betrachter, sie dürfen jedoch niemals beliebig sein! Aus der pädagogischen und psychologischen Forschung ergeben sich Qualitätsansprüche, die in jedem Fall gelten und im Sinne von Mindeststandards eingehalten werden müssen, um eine angemessene Entwicklung der Kinder nicht zu gefährden.

4.1. Strukturqualität

Nachfolgend werden maßgebliche Kriterien der Strukturqualität ausgeführt:

4.1.1. Gruppengröße

Kleine Gruppen ermöglichen nachhaltige Bildungsprozesse

Die Gruppengröße gehört zu den zentralen Rahmenbedingungen in Bildungseinrichtungen für Kinder. In einer großen Kindergruppe ist die Pädagogin bzw. der Pädagoge gezwungen, stärker lenkend einzugreifen und kann den Kindern weniger Freiraum zum Erkunden ihrer Umwelt und zum eigenständigen Lernen gewähren. Individualität und Selbstbestimmung, Spontaneität und Kreativität der Kinder können in einer kleineren Gruppe eher zugelassen werden (vgl. Colberg-Schrader & von Derschau, 1991; Munton et al., 2002).

Empfehlungen zur Gruppengröße

Je nach Alter der Kinder werden hinsichtlich der Gruppengröße unterschiedliche Standards empfohlen, die möglichst positive Voraussetzungen für eine hohe pädagogische Qualität bieten: Für unter zweijährige Kinder lauten die Empfehlungen der meisten Expertinnen und Experten auf Gruppengrößen von 6 bis maximal 12 Kinder. Bei Zwei- bis Dreijährigen sollte die Gruppengröße 14 Kinder nicht übersteigen. Für Kinder zwischen 3 und 6 Jahren gelten maximal 14 bis 20 Kinder pro Gruppe als guter Standard, optimal wäre eine Gruppengröße von ca. 15 Kindern (Vgl. NAEYC, 2000; Hartmann & Stoll, 2004).

4.1.2. Personal-Kind-Schlüssel

Individuelle Förderung durch ausreichend Personal

Die Anzahl der Bezugspersonen, die in einer Kindergartengruppe tätig sind, ist eine wichtige Voraussetzung dafür, in welchem Ausmaß auf die individuellen Bedürfnisse, Interessen, Begabungen und Probleme der Kinder eingegangen werden kann. Nur eine gute Personalstruktur kann die Differenzierung und Individualisierung der pädagogischen Arbeit nach den Anforderungen einer transaktionalen Bildungsarbeit gewährleisten. Bei jungen Kindern ist die kontinuierliche und sichere Bindung zu vertrauten Bezugspersonen eine besonders wichtige Basis für Lernen und Bildung (vgl. Tietze et al., 1998; Munton et al., 2002).

Empfehlungen zum Personal-Kind-Schlüssel

Folgende Empfehlungen zum Personal-Kind-Schlüssel sind in der pädagogischen Fachliteratur zu finden: In Gruppen mit vorwiegend jungen Kindern bis zum dritten Lebensjahr wird ein Schlüssel von 1:4 bis maximal 1:6 empfohlen. Bei drei- bis

sechsjährigen Kindern sollten 5 bis maximal 10 Kinder auf eine Pädagogin bzw. einen Pädagogen kommen, optimal wären ca. 7 Kinder pro Fachkraft. Zusätzlich zu beachten sind Randzeiten am Morgen oder späteren Nachmittag, zu denen eine individuelle Betreuung der Kinder besonders wichtig ist (vgl. NAEYC, 2000; Hartmann & Stoll, 2004).
Die Personalpolitik des Trägers muss auch auf besondere Situationen, wie z. B. Krankheitsfälle oder Fortbildungszeiten des Personals Rücksicht nehmen bzw. diese einplanen.

4.1.3. Räume und Materialausstattung

Die Gestaltung der Räume und der Materialausstattung im Kindergarten sollte folgenden Bedürfnissen der Kinder entsprechen:

Kinder dürfen mitgestalten

- **Partizipation:** Durch das Bereitstellen flexibler Elemente, wie Raumteiler, Schachteln etc., können die Kinder ihre Umwelt mitgestalten. Ihre Meinung sollte auch bei der Neukonzeption bestimmter Beschäftigungsbereiche gehört werden.

Selbstständigkeit ermöglichen

- **Selbstständigkeit:** Die Strukturierung des Raumes in unterschiedliche Funktionsbereiche sowie eine vorbereitete Umgebung ermöglichen Kindern, unabhängig und selbstständig zu handeln und zu lernen. Dies wird z. B. durch beschriftete Regale und Spielzeugbehälter unterstützt.

Bewegung zulassen

- **Bewegung:** Platz und Materialangebot, die der Anzahl und dem Bewegungsbedürfnis der Kinder entsprechen, stehen im Innen- und Außenbereich zur Verfügung. Vielfältige Bewegungsformen und unterschiedliche Fertigkeitsstufen werden ermöglicht.

Zurückziehen und ausruhen können

- **Rückzug:** Spezielle Bereiche, wie z. B. Zelte oder wenig einsichtige Ecken mit kuscheligen Pölstern, ermöglichen es den Kindern auch außerhalb der Ruhezeiten, sich vom Gruppengeschehen zurückzuziehen, zu rasten, zu plaudern oder die Seele baumeln zu lassen.

Geborgenheit als Grundvoraussetzung für Lernprozesse

- **Orientierung und Sicherheit:** Das Gefühl, im Kindergarten sicher und geborgen zu sein, ist eine wichtige Grundlage für erfolgreiche Bildungsprozesse. Überschaubar gestaltete Funktionsbereiche und übersichtlich präsentierte Materialien sowie eine helle, freundliche Atmosphäre, die Geborgenheit vermittelt, tragen dazu bei, diese Bedürfnisse zu befriedigen.

An der Erwachsenenwelt teilhaben

- **Partizipation an der Lebenswelt Erwachsener:** Die Nutzung von Räumen und Materialien der Erwachsenen ermöglicht vielfältige Erfahrungen, die zur Erweiterung kindlicher Handlungskompetenz beitragen. Dazu zählen die Einbeziehung der Küche, das Einrichten einer Werkbank, das Vorhandensein von Materialien aus der Erwachsenenwelt, z. B. Besen und Schaufel, Locher etc.

Natur erleben

- **Naturerfahrungen:** Verschiedenste Gestaltungselemente im Freien, wie Hecken, Kletterbäume, Lauben, Mulden, Gemüsebeete, ungemähte Wiesen etc. ermöglichen eine Vielfalt an Naturerfahrungen. Steht kein Garten zur Verfügung, kann die Begegnung mit der Natur auch im Innenbereich ermöglicht werden, etwa durch das Anlegen eines Zimmergartens.

Auch die Bildungspartnerschaft mit den Eltern wird durch günstige räumliche Bedingungen, wie etwa geeignete Besprechungsräumlichkeiten oder gemütliche Sitzecken, positiv beeinflusst. Ausführliche Hinweise dazu finden sich im Kapitel Bildungspartnerschaft mit Eltern.

Entwicklungsangemessene Materialien

Das Angebot an Materialien und Medien sollte dem Alter und den Fähigkeiten der Kinder entsprechen, also vielfältig und differenziert sein. Dies umfasst auch Materialien für hoch begabte Kinder und Kinder mit speziellen Interessen sowie Materialien, die verschiedene Kulturen repräsentieren. Umfassende und differenzierte Qualitätsstandards zur gendergerechten Auswahl von Bildungsmitteln finden sich bei Schneider (2005).

Zur Anregung transaktionaler Prozesse, v. a. des Subjektivierens und Vergegenständlichens, ist die Ausstattung mit Materialien zum kreativen Gestalten, mit Bau- und Konstruktionsmaterialien sowie für das Rollenspiel besonders wichtig. Im Außenbereich sollten vielfältige Möglichkeiten bestehen, kreativ und gestalterisch tätig zu sein, etwa durch das Angebot an Brettern, Ästen und Autoreifen zum Bauen oder durch einen großzügigen Bereich für das Spiel mit Sand und Wasser.

4.1.4. Zeit für Vorbereitung und Reflexion

Qualitätsvolle Bildungsprozesse brauchen Zeit zur Vorbereitung

In wissenschaftlichen Untersuchungen konnte belegt werden, dass die Prozessqualität im Kindergarten höher ist, wenn den Pädagoginnen und Pädagogen mehr Vorbereitungszeit zur Verfügung steht (Tietze et al., 1998; ECCE Study Group, 1997). Expertinnen und Experten empfehlen deshalb, mindestens 20 Prozent der wöchentlichen Arbeitszeit als kinderdienstfreie Zeit für Vorbereitung, Dokumentation und Reflexion der pädagogischen Arbeit einzuplanen. Dienstbesprechungen sollten wöchentlich in der Arbeitszeit stattfinden und einer gut geplanten Struktur hinsichtlich Ort, Zeit, Raum, Moderation und Ergebnissicherung unterliegen (Hartmann & Stoll, 2004; Tietze & Viernickel, 2003; vgl. Kapitel Teamgeist im Kindergarten).

Angemessene Arbeitsbedingungen für Fachkräfte

4.1.5. Arbeitsbedingungen für Pädagoginnen und Pädagogen

Engagierte Mitarbeiterinnen und Mitarbeiter sind die wichtigste Ressource im Kindergarten. Qualitätsentwicklung muss sich deshalb immer auch mit den Arbeitsbedingungen des Personals auseinandersetzen: Dazu zählen spezielle Räumlichkeiten (gemütlicher Personalraum, Besprechungszimmer etc.), ausreichend Aufbewahrungsmöglichkeiten für Materialien, die Einhaltung der gesetzlich vorgegebenen Pausen, angemessene Bezahlung, genügend Personal auch in Krankheitsfällen sowie eine systematische Begleitung bei der Einarbeitung neuer Mitarbeiterinnen bzw. Mitarbeiter (Patensystem).

Qualitätsoptimierung durch höhere Qualifikation

4.1.6. Fachliche Qualifikation des Personals

Internationale Forschungsergebnisse zeigen, dass unter anderem eine höhere Ausbildung der Mitarbeiterinnen und Mitarbeiter eine Verbesserung der Qualität eines Kindergartens mit sich bringt (Netzwerk Kinderbetreuung der Europäischen Kommission, 1996).

Für Österreich wird dringend die Anhebung der Ausbildung auf EU-Standard, also auf Universitätsniveau, empfohlen. Dadurch werden eine stärkere Einbindung der Kleinkindforschung ermöglicht und das Image des Berufsbildes verbessert. Nach den Ergebnissen von Honig und Hirallal (1998) haben höhere Qualifizierung und größere Erfahrung der Mitarbeiterinnen und Mitarbeiter einen positiven Einfluss auf die sprachliche, soziale und körperliche Entwicklung der Kinder. Eine qualitätsvolle Ausbildung des Personals beinhaltet auch die Qualifizierung der Helferinnen und Helfer bzw. Assistentinnen und Assistenten im Kindergarten. Darüber hinaus sollten alle individuellen Fähigkeiten und Kompetenzen, die im gesamten Team des Kindergartens vorhanden sind, wie z. B. Sprachkenntnisse von Assistentinnen und Assistenten mit einer anderen Erstsprache als Deutsch, Erfahrungen mit anderen Kulturen etc. bewusst als Ressource für die pädagogische Arbeit genützt werden.

Ressourcen des Personals nützen

4.2. Orientierungsqualität

Folgende Kriterien der Orientierungsqualität beeinflussen maßgeblich die pädagogischen Prozesse im Kindergarten:

Fachkompetenz erweitern

4.2.1. Fortbildung für Pädagoginnen und Pädagogen

Um für Kinder interessante und entwicklungsgemäße Bildungsprozesse gestalten zu können, müssen sich Fachkräfte in innovative Bildungsbereiche – wie z. B. Physik im Kindergarten – einarbeiten, Wissen erwerben, Methoden und Materialien kennen lernen – kurz, ihre Professionalität ständig erweitern. Dazu sind ausreichende Fortbildungsangebote, die finanziell und/oder durch Dienstfreistellung unterstützt werden, notwendig.

4.2.2. Reflexion und Supervision

Die eigene Arbeit kritisch reflektieren

Die kritische Reflexion des eigenen Erzieher(innen)verhaltens, eigener pädagogischer Werte und Normen durch die Fachkräfte ist im Kindergarten von großer Bedeutung. Pädagoginnen und Pädagogen arbeiten an einer Schlüsselstelle der Gesellschaft. Ihr Vorbild hat auf die Bildungsprozesse sowie auf die soziale und emotionale Entwicklung der Kinder großen Einfluss. Die Bereitschaft zur Reflexion sollte deshalb Bestandteil ihrer beruflichen Identität und Professionalität sein.
Die Einstellung gegenüber der Rolle der Eltern im Kindergarten, die Arbeit mit Kindern mit Migrationserfahrung bzw. einer anderen religiösen Zugehörigkeit oder der Umgang mit Gewalt und Konfliktsituationen sind nur einige der Themenbereiche, die eventuell einer intensiveren Reflexion bedürfen. Gegebenenfalls kann die Reflexion auch durch fachliche Anleitung im Rahmen einer Supervision bereichert werden. Diese sollte in der Dienstzeit stattfinden und vom Träger finanziell unterstützt werden.

4.2.3. Konzeptionsentwicklung

Verschriftlichung des pädagogischen Konzepts

Eine Konzeption ist die Verschriftlichung der organisatorischen Rahmenbedingungen eines Kindergartens und des pädagogischen Konzepts. Die Erstellung einer Konzeption durch das Kindergartenteam ist eine Entwicklung der letzten Jahre.
Das Vorliegen einer schriftlichen Konzeption bedeutet, dass sich das pädagogische Team – eventuell unterstützt durch eine Moderation – mit seiner Arbeit in einem reflexiven Prozess auseinandergesetzt hat. Die Formulierung und Überprüfung von Zielen und Methoden gilt zugleich als eine Möglichkeit der Qualitätssicherung und -entwicklung.

Verständigung auf gemeinsame Standpunkte

Eine Konzeption unterstützt das Team bei der längerfristigen Orientierung an gemeinsamen Visionen, indem sich alle Mitarbeiterinnen und Mitarbeiter mit ihren pädagogischen Zielen und Werten auseinandersetzen. Die Verständigung auf gemeinsame pädagogische Prinzipien verdeutlicht gemeinsame Standpunkte und spinnt einen „roten Faden“ für die pädagogische Arbeit.

Information und Transparenz

Für die Eltern dient die Konzeption zur Information und signalisiert Offenheit und die Bereitschaft eines Kindergartens zur Transparenz. Dadurch können Eltern ihr

Wissen über die Kindergartenarbeit erweitern und sich bewusst und informiert für oder gegen einen Kindergarten entscheiden. Zugleich ist die Konzeption ein wichtiges Instrument der Öffentlichkeitsarbeit und kann z. B. in verschiedenen Einrichtungen der Gemeinde aufliegen (Gemeindeamt, Kinderärztin bzw. Kinderarzt, Grundschule, Familienberatungsstelle etc.). Dadurch wird Außenstehenden ein Einblick in die Kindergartenarbeit gewährt.

Aspekte einer Konzeption

Folgende inhaltliche Aspekte können u. a. in einer Konzeption ausgeführt werden:

- Gesetzliche Grundlagen und Leitbild des Trägers
- Aussagen zu Bildungsprozessen im Alltag und bei Angeboten
- Wissen über kindliche Entwicklungsprozesse und -bedürfnisse als Grundlage für Bildungs- und Erziehungsziele
- Kultursensible Bildung und Erziehung
- Berücksichtigung besonderer Bedürfnisse, wie z. B. Kinder mit Beeinträchtigungen, hochbegabte Kinder
- Bildungspartnerschaft mit Familien
- Fort- und Weiterbildung der Mitarbeiterinnen und Mitarbeiter
- Kooperation mit anderen sozialen Diensten und Verankerung in der Gemeinde

Als Unterstützung bei der Entwicklung einer Konzeption kann u. a. folgende Literatur herangezogen werden:

Buchtipps

- Bongard & Schwarzkopf (2000). Viele Ideen – ein Profil.
- Erath & Amberger (2000). Das KitaManagementKonzept. Kindertagesstätten auf dem Weg zur optimalen Qualität.
- Kokigei (2006). Wie entsteht eine Konzeption?
- Weber & Herrmann (2005). Konzepte entwickeln – Bildung planen.

Curricula als Grundlage einer zeitgemäßen Bildungsarbeit

4.2.4 Curriculum für den Kindergarten

Ein Curriculum (Bildungsplan) für den Kindergarten hat vor allem die Aufgabe, aktuelle wissenschaftliche und gesellschaftliche Strömungen aufzugreifen und daraus Rahmenempfehlungen für die Gestaltung von Bildungsprozessen abzuleiten. Weltweit werden in vielen Ländern Curricula erarbeitet, folgende Schwerpunkte sind dabei erkennbar: Beschäftigung mit dem aktuellen Bildungsbegriff und dem Bild vom Kind, Betonung von Lernkompetenz, Sprachkompetenz und interkultureller Kompetenz, Berücksichtigung der Alterserweiterung etc.

In Österreich wurde vom Charlotte-Bühler-Institut ein Bildungskonzept für den

Kindergarten entwickelt, das wichtige pädagogische Grundorientierungen auf der Basis aktueller wissenschaftlicher Erkenntnisse ausformuliert. Die vernetzte Sichtweise der Bildungsarbeit wird mit Hilfe des Transaktionsansatzes dargestellt (Hartmann et al., 2006).

4.3. Prozessqualität

Wichtige Kriterien der Prozessqualität sind u. a. folgende:

4.3.1. Sicherheit und Gesundheit der Kinder

Hygiene im Kindergarten beachten

Die körperliche Gesundheit der Kinder sollte im Kindergarten durch Beachtung von Hygienevorschriften gewährleistet sein. Dabei wird besonders darauf geachtet, die Ausbreitung ansteckender Krankheiten zu vermeiden – z. B. durch das Händewaschen vor der Jause und nach der Toilettenbenutzung.

Selbstständig lernen in einem sicheren Rahmen

Hinsichtlich der Sicherheitsvorkehrungen geht es in der pädagogischen Arbeit nicht um die ständige und lückenlose Beaufsichtigung der Kinder. Konsens ist vielmehr, Kindern im geschützten Rahmen des Kindergartens Freiräume zu schaffen und Selbstständigkeit zu ermöglichen. Die „äußere Sicherheit" des Kindergartens – also, dass Kinder diesen z. B. nicht unbemerkt verlassen können – ist dafür die Voraussetzung. Ebenso sind gefährliche Situationen möglichst zu minimieren und bei der Beaufsichtigung der Kinder zumindest das Kriterium der „Hörweite" zu erfüllen. Bei grobmotorischen Aktivitäten sollten Kinder niemals unbeaufsichtigt sein (vgl. KES-R, Tietze et al., 2007).

Pädagogische Aspekte für den Umgang mit Freiräumen für Kinder

Für die tägliche Entscheidung, ob Kinder z. B. alleine im Garten oder in Nebenräumen spielen dürfen, müssen mehrere Punkte berücksichtigt werden: Jede Pädagogin/jeder Pädagoge muss genau über die gesetzlich definierte Aufsichtspflicht Bescheid wissen. Zugleich sollten die Kinder auch die Möglichkeit bekommen, in nicht durch Erwachsene kontrollierten Bereichen zu agieren. Ein wichtiges Kriterium ist dabei die Beobachtung und professionelle Einschätzung der Pädagoginnen und Pädagogen, ob ein Kind aufgrund seines Entwicklungsstandes in der Lage ist, sich an besprochene Regeln zu halten und bestimmte Freiräume zu nutzen. Die Entscheidung, ob und wie Kinder alleine spielen dürfen, kann letztlich nur die Pädagogin/der Pädagoge selbst treffen. Selbstverständlich müssen die Eltern im Rahmen der Bildungspartnerschaft informiert werden – eventuell vorhandene Ängste der Eltern müssen Berücksichtigung finden.

Buchtipp

Anregungen zur Auseinandersetzung mit Sicherheit im Kindergarten finden sich bei von Langen (2007).

4.3.2. Qualität der Interaktionen

Achtung und Respekt als Basis der Interaktionen

Jede Pädagogin/jeder Pädagoge hat einen individuellen Stil, der die Interaktionen und die Atmosphäre in einer Gruppe prägt. Gewisse pädagogische Haltungen sind allerdings unerlässlich, um von einer hohen Qualität der pädagogischen Interaktionen sprechen zu können. Dazu zählen in erster Linie Achtung und Respekt vor der Würde, den Gefühlen und der Individualität des Kindes, Dialogbereitschaft und die Fähigkeit, Beziehungen zu einzelnen Kindern aufzubauen. Darüber hinaus ist das Wissen über den familiären und kulturellen Hintergrund der Kinder notwendig für eine individuelle Beziehungsgestaltung. Die Bedürfnisse der Kinder nach Geborgenheit und emotionaler Sicherheit sollten ernst genommen werden. Sie sind die Voraussetzung dafür, dass Kinder sich auf Bildungsprozesse einlassen können.

Im eigenen Tempo lernen lassen

Kinder sollten bei der Entwicklung neuer Fertigkeiten und Fähigkeiten angeregt und unterstützt werden, ohne ihren Ideen vorzugreifen. So sollte es ihnen z. B. möglich sein, selbst Lösungswege für knifflige Situationen zu finden.
Im Sinne einer transaktionalen Didaktik ist es besonders wichtig, den Kindern Zeit und Raum für Bildungsprozesse zur Verfügung zu stellen und Kreativität und Handlungskompetenz zu fördern.

4.3.3. Alltagsgestaltung

Bildung durch Alltagserfahrungen

Die Gestaltung des Alltags prägt die Atmosphäre im Kindergarten und damit die Prozessqualität auf entscheidende Weise. Alltägliche Erfahrungen und Abläufe im Kindergarten sind Bildungssituationen, die wesentlich zur Erweiterung kindlicher Kompetenzen beitragen. Pädagoginnen und Pädagogen stehen dabei als Entwicklungspartnerinnen und -partner zur Verfügung und eröffnen den Kindern vielfältige Möglichkeiten zum Handeln und Mitgestalten ihrer Umwelt. Deshalb hat der Alltag im Rahmen der transaktionalen Bildungsarbeit einen besonderen Stellenwert und sollte in seiner Komplexität gut geplant und reflektiert werden (vgl. Bäck et al., 2006).

4.3.4. Balance transaktionaler Prozesse

Alle transaktionalen Prozesse berücksichtigen

Transaktionale Prozesse spiegeln die Wechselwirkung zwischen dem Kind und seiner Umwelt während eines Bildungsprozesses wider: Während die Umwelt auf das Kind einwirkt, beeinflusst das Kind wiederum seine Umwelt durch seine Handlungen, Fragen, Erkenntnisse etc. Wenn im Rahmen der Bildungsarbeit die transaktionalen Prozesse der Aneignung, Objektivierung, Subjektivierung und Vergegenständlichung berücksichtigt werden, ist eine hohe Bildungsqualität gewährleistet.

Das bedeutet, dass die Kinder ihr Wissen erweitern, das Gelernte mit eigenen Erfahrungen in Beziehung setzen können und die Möglichkeit haben, ihre Umwelt durch eigene Handlungen und nach eigenen Ideen mitzugestalten.
Im Sinne der Qualitätssicherung ist die Evaluation der transaktionalen Prozesse mit Hilfe des Vierfelderschemas eine wichtige Grundlage für die Gestaltung der weiteren Bildungsarbeit (vgl. Hartmann et al., 2006). Nähere Ausführungen dazu siehe Kapitel Didaktik der Kindergartenpädagogik.

4.3.5. Bildungspartnerschaft mit den Eltern

Dialog mit den Eltern

Vor allem für das Wohlbefinden der Kinder ist eine konstruktive Zusammenarbeit zwischen Kindergarten und Familie wichtig. Als wesentliche Punkte seien hier gegenseitiger Respekt, Dialogbereitschaft, ausführliche Information und Transparenz der Arbeit, aktives Aufgreifen von Wünschen, Anregungen und Kritik der Eltern sowie die Argumentation der eigenen fachlichen Entscheidungen genannt. Differenzierte Ausführungen dazu finden sich im Kapitel Bildungspartnerschaft mit Eltern.

5. QUALITÄTSENTWICKLUNG UND -SICHERUNG IM KINDERGARTEN

Qualität gemeinsam im Team entwickeln

Qualitätsentwicklung sollte als fortlaufender Prozess und als gemeinsame Aufgabe aller Beteiligten – Pädagoginnen und Pädagogen, Helferinnen und Helfer, Leitung und Träger – gesehen werden. Wenn man sich auf den Weg der Qualitätsentwicklung macht, bedarf es der Offenheit und Veränderungsbereitschaft des Teams sowie des Zulassens von Unsicherheiten. Voraussetzungen dafür sind der diskrete Umgang aller Beteiligten mit den Ergebnissen. Hilfreich kann der Austausch mit anderen Teams sein, die bereits Erfahrungen mit Qualitätsentwicklung haben.

5.1. Arbeit mit Kriterienkatalogen

Feststellung des Ist-Zustandes der Qualität

Am Anfang jedes Prozesses der Qualitätsentwicklung steht die Feststellung des Ist-Zustandes durch das Team oder im Rahmen einer externen Evaluation. Dazu gibt es einige Kriterienkataloge und Einschätzskalen zur Erfassung pädagogischer Qualität, die von Expertinnen und Experten aus Theorie und Praxis auf der Grundlage aktueller pädagogischer und entwicklungspsychologischer Forschungsergebnisse erarbeitet wurden, wie z. B.:

Buchtipps

- Hartmann & Stoll (2004). Mehr Qualität für Kinder.
- Tietze & Viernickel (2002). Pädagogische Qualität in Tageseinrichtungen für Kinder – Ein nationaler Kriterienkatalog.
- Tietze (Hrsg.). (2004). Pädagogische Qualität entwickeln.
- Tietze et al., (2007). Kindergarten-Skala (KES-R).
- Tietze, Bolz, Grenner, Schlecht & Wellner (2007). Krippen-Skala (KRIPS-R).

Diese Kataloge sollten vom Team dahingehend reflektiert werden, ob sie passend für die jeweilige Fragestellung sind und als Basis der Qualitätsentwicklung herangezogen werden können. Die Arbeit mit Kriterienkatalogen hat den Vorteil, dass wissenschaftlich fundiertes Fachwissen als Argumentationsgrundlage für die Bildungsarbeit genutzt werden kann.

Selbst- und Fremdevaluation

Der Blick von außen

Selbstevaluation bedeutet, dass ein Team den Ist-Zustand der pädagogischen Qualität mit Hilfe von Kriterienkatalogen selbst feststellt.
Bei der Fremdevaluation schätzt eine externe Evaluatorin bzw. ein Evaluator die Qualität einer Einrichtung anhand von Beobachtungsinstrumenten ein (KES-R/KRIPS-R, Tietze et al., 2007). Durch die Objektivität und Unabhängigkeit externer Beobachtung können neue Perspektiven aufgezeigt und „blinde Flecken" entdeckt werden. Die Ergebnisse der Fremdevaluation werden differenziert mündlich rückgemeldet und können z. B. in Form eines Qualitätshandbuches nach innen und außen ausgewiesen werden. Ein sensibler und professioneller Umgang (Datenschutz!) ist die Voraussetzung dafür, dass die Arbeit mit Instrumenten zur externen Qualitätseinschätzung als Chance und Bereicherung erlebt werden kann.

5.2. Ablauf einer Qualitätsentwicklung

Schritte der Qualitätsentwicklung

Folgender Ablauf wird als Orientierungshilfe für einen Prozess der Qualitätsentwicklung empfohlen. Dabei muss bedacht werden, dass dafür mindestens ein bis zwei Jahre veranschlagt werden müssen.

- Auseinandersetzung mit pädagogischer Qualität
- Erheben des Ist-Zustandes durch das Team selbst und/oder im Rahmen einer externen Qualitätseinschätzung
- Ergänzend kann eine Elternbefragung über die Zufriedenheit der Eltern und deren Veränderungswünsche Auskunft geben. Prinzipiell werden Eltern über Qualitätsinitiativen im Kindergarten informiert.
- Diskussion der Ergebnisse der Selbst- und/oder Fremdevaluation und Auswahl

von Qualitätsbereichen, die optimiert werden sollten; gegebenenfalls Forderungen an den Träger nach Veränderung von Rahmenbedingungen; eventuell Einbindung der Eltern. Optimal ist eine schriftliche Dokumentation der vereinbarten Ziele und Zwischenschritte sowie der Verantwortlichkeiten, damit sie verbindlich, überprüfbar und für alle Teammitglieder bewusst gemacht werden; ev. Festlegung eines Zeitrahmens.

- Das Ziel ist, in allen Qualitätsbereichen einen guten Standard zu erreichen (vgl. KES-R/KRIPS-R, Tietze et al., 2007). Erst dann werden Schwerpunktsetzungen in ausgewählten Bereichen der pädagogischen Arbeit angestrebt, die einem ausgezeichneten Qualitätsniveau entsprechen.
- Operationalisierung – d. h. Umsetzung der Ziele – kann erfolgen durch: Gezielte Erweiterung der Bildungsmittel, z. B. werden für den Familien- und Wohbereich Utensilien zur männlichen Identifikation angeschafft; Entwicklungsschritte im Erziehungsverhalten, etwa die Verwendung einer geschlechtssensiblen Sprache; Veränderung der Interaktionsmuster im Team oder mit Eltern. Wenn nötig, Begleitung durch Moderation, Fachberatung oder Supervision.
- Durch Fortbildungen (extern oder in der Einrichtung für das gesamte Team) und Auseinandersetzung mit Fachliteratur können diese Prozesse unterstützt werden.
- Evaluation der Ergebnisse durch Selbst- und/oder Fremdeinschätzung nach frühestens einem Jahr, um die Zielerreichung zu überprüfen. Eine externe Evaluation ist an dieser Stelle zu bevorzugen.
- Dokumentation des Prozesses und der Ergebnisse, z. B. intern in der Konzeption, durch Öffentlichkeitsarbeit und Bildungspartnerschaft mit den Eltern oder nach einer externen Evaluation in Form eines Qualitätshandbuches.
- Qualitätssicherung: Erreichte Standards – wie z. B. eine bessere Raumnutzung – müssen auch gehalten werden, dazu ist regelmäßige und fortlaufende Selbst- und/oder Fremdevaluation nötig.
- Im Sinne des fortlaufenden und dynamischen Kreislaufes der Qualitätsentwicklung kann dieser Prozess immer wieder mit neuen Zielen fortgeführt werden.

5.3. Auswirkungen erfolgreicher Qualitätsentwicklung

Qualitätsentwicklung bringt Vorteile für alle

- Entwicklungschancen für die Kinder werden optimiert.
- Qualitätsentwicklung im Sinne beruflicher Weiterbildung der Fachkräfte: Entwicklung neuer Kompetenzen, steigende Professionalisierung, z. B. hinsichtlich Kommunikationsfähigkeit, Bildungspartnerschaft etc.

- Transparenz der pädagogischen Arbeit nach innen sowie gegenüber den Eltern und der Öffentlichkeit
- Steigerung der Wettbewerbsfähigkeit
- Verbesserung des Berufsbildes und des Images der Pädagoginnen und Pädagogen
- Schwerpunktfindung bzw. -setzung: Kaum eine Einrichtung kann in allen Bereichen ausgezeichnete pädagogische Qualität bieten – die konzeptionelle Vielfalt wird durch Schwerpunkte eher unterstrichen: Das erleichtert auch Eltern die Entscheidung für einen Kindergarten.

Literatur

Bäck, Gabriele, Bayer-Chisté, Natalie & Hajszan, Michaela (2006). Tagein – tagaus. Kindergartenalltag macht Kinder kompetent (Nachdruck). Wien: öbv&hpt.

Bandura, Albert (1977). Social Learning Theory. Prentice-Hall.

Becker-Textor, Ingeborg (1995). Kreativität im Kindergarten. Anleitung zur kindgemäßen Intelligenzförderung im Kindergarten. Freiburg: Herder.

Behnisch, Michael (2007). Jungen und Mädchen. Wie sich Geschlechtsidentität und Geschlechterrollen entwickeln. Kindergarten heute 10/2007, S. 6 – 15.

Beller, Kuno & Beller, Simone (2006). Kuno Bellers Entwicklungstabelle. Freie Universität Berlin.

Bensel, Joachim & Haug-Schnabel, Gabriele (2005). Kinder beobachten und Entwicklung dokumentieren. Kindergarten heute spezial. Herder.

Berger, Ernst, Friedrich, Max H. & Schuch, Bibiana (1985). Verhaltensbeurteilung bei Kindern und Jugendlichen. Allgemeine und spezielle Psychopathologie. Thieme.

Bongard, Bruno & Schwarzkopf, Franz (2000). Viele Ideen – ein Profil. Kindertageseinrichtungen konkret. München: Don Bosco.

Breit, Simone & Schneider, Petra (2008a). BESK 4 – 5. Beobachtungsbogen zur Erfassung der Sprachkompetenz 4- bis 5-Jähriger in Bildungs- und Betreuungseinrichtungen. Version 1.1. Wien: BMUKK.

Breit, Simone & Schneider, Petra (2008b). Handbuch (Pilotversion). Beobachtungsbogen zur Erfassung der Sprachkompetenz 4- bis 5-Jähriger in Bildungs- und Betreuungseinrichtungen (BESK 4 – 5) (unveröff.). Wien: BMUKK.

Bröder, Monika (2004). Gesprächsführung im Kindergarten. Freiburg: Herder.

Brown, A. L. (1978). Knowing when, where and how to remember: A problem of metacognition. In R. Glaser (Ed.), Advances in Instructional Psychology (Vol. 1).Hillsdale, NJ: Lawrence Erlbaum.

Brunner-Müller, Heidi, Lacher-Roth, Kathrin, Schöni Lanker, Monika & Sörensen Criblez, Barbara (2000). Lehrplan Kindergarten für den deutschsprachigen Teil des Kanton Bern. Berner Lehrmittel- und Medienverlag.

Bundeszentrale für gesundheitliche Aufklärung (o. J.). Körper, Liebe, Doktorspiele. Ein Ratgeber für Eltern zur kindlichen Sexualentwicklung vom 1. bis zum 3. Lebensjahr bzw. vom 4. bis zum 6. Lebensjahr. Köln: Bundeszentrale für gesundheitliche Aufklärung.

Carr, Margret (2001). Assessment in Early Childhood Settings. Learning Stories. London: Paul Chapman.

Colberg-Schrader, Hedi & von Derschau, Dietrich (1991). Sozialisationsfeld Kindergarten. In Klaus Hurrelmann & Dieter Ulich (Hrsg.). Neues Handbuch der Sozialisationsforschung (S. 335 – 353). Weinheim: Beltz.

de Cillia, Rudolf (2008). Sprachliche Förderung im vorschulischen Bereich. Schul-news, 02/2008, 18 – 21. Österreichisches Schulkompetenzzentrum.

Duden (2000). Das große Fremdwörterbuch. Herkunft und Bedeutung der Fremdwörter. Mannheim: Dudenverlag.

Dupuis, André (2006). Beobachtungen von Kindern in der Kindertageseinrichtung – strukturelle und konzeptionelle Voraussetzungen und Standards für Fachkräfte und Träger. In Gewerkschaft Erziehung und Wissenschaft (Hrsg.), Bildung sichtbar machen. Von der Dokumentation zum Bildungsbuch (S. 53 – 57). Weimar: verlag das netz.

ECCE Study Group (1997). European Child Care and Education Study: Cross National Analyses of the quality and effects of early childhood programmes on children's development. Freie Universität Berlin.

Eliot, Lise (2003). Was geht da drinnen vor? Die Gehirnentwicklung in den ersten fünf Lebensjahren. Berlin: Berlin Verlag.

Ellermann, Walter (2004). Bildungsarbeit im Kindergarten erfolgreich planen. Sozialpädagogische Praxis. Band 5. Weinheim: Beltz.

Erath, Peter & Amberger, Claudia (2000). Das KitaManagementKonzept. Kindertagesstätten auf dem Weg zur optimalen Qualität. Freiburg: Herder.

Feiner, Waldemar, Niederle, Charlotte & Michelic, Elisabeth (1985). Kinder erleben ihre Umwelt. Wien: Österreichischer Bundesverlag.

Finkenzeller, Anita, Kuhn-Schmelz, Gabriele & Wehfritz, Rita (2004). Praxis- und Methodenlehre Sozialpädagogik. Troisdorf: Bildungsverlag Eins.

Flämig, Katja (2006). Bildungs- und Lerngeschichten. Worum es geht und wie Sie damit arbeiten. kindergarten heute, 6 – 7/2006, S. 6 – 15.

Flavell, J. (1976). Metacognitive aspects of problem solving. In L. Resnick (Ed.) The Nature of Intelligence. Hillsdale, New Jersey: Lawrence Erlbaum Associates.

Freud, Sigmund (1935). Vorlesungen zur Einführung in die Psychoanalyse. Berlin.

Fürstler, Gerhard & Hausmann, Clemens (2002). Psychologie und Sozialwissenschaft für Pflegeberufe 1. Facultas.

Gisbert, Kristin (2002). Frühe Förderung von Lernprozessen und Lernkompetenzen. Erste Ansätze für die Praxis. Bildung, Erziehung, Betreuung von Kindern in Bayern, 7 (1). 11 – 12.

Groot-Wilken, Bernd (2007). Mit Portfolios arbeiten. kindergarten heute 4/2007, S. 14 – 19.

Hartmann, Waltraut (2005). Die Bedeutung des Spiels für die Entwicklung des Kindes. In ZeitRaum Kindergarten. Methoden des Kindergartens 1 (S. 106 – 112). Linz: Unsere Kinder.

Hartmann, Waltraut, Hajszan, Michaela, Pfohl-Chalaupek, Martina, Stoll, Martina & Hartel, Birgit (in Druck). Sprache, Kommunikation und Literacy im Kindergarten. Wien: hpt.

Hartmann, Waltraut & Stoll, Martina (2004). Mehr Qualität für Kinder. Qualitätsstandards und Zukunftsperspektiven für den Kindergarten. Wien: öbv & hpt.

Hartmann, Waltraut, Stoll, Martina, Chisté, Natalie & Hajszan, Michaela (2006). Bildungsqualität im Kindergarten. Transaktionale Prozesse, Methoden, Modelle. Wien: öbv & hpt.

Heimann, Paul (1965). Didaktik. In Paul Heimann, Gunter Otto & Wolfgang Schulz. Unterricht – Analyse und Planung. Hannover: Schroedel.

Hobmair, Hermann (Hrsg.) (1996). Pädagogik. Köln: Stam.

Honig, Alice Sterling & Hirallal, Andrea (1998). Which counts more for excellence in childcare staff-years in service, education level or ECE coursework? Early Child Development and Care, 145, S. 31 – 46.

Hüther, Gerald (2006). Wie lernen Kinder? Voraussetzungen für gelingende Bildungsprozesse aus neurobiologischer Sicht. In Ralf Caspary (Hrsg.), Lernen und Gehirn. Der Weg zu einer neuen Pädagogik (S. 70 – 84). Freiburg: Herder.

Jacobs, Dorothee (2007). Kreative Dokumentation. Berlin: Cornelsen.

Jilesen, Martien (2002). Soziologie für die sozialpädagogische Ausbildung. Troisdorf: Eins Bildungsverlag.

Kazemi-Veisari, Erika (2002). Wieso, weshalb, warum – Kinder sind nicht dumm! In Kindergarten heute 3/2002, S. 6 – 12.

Klein, Lothar (2005). Lernwerkstatt ist überall – wie die ganze Kita Lernwerkstatt werden kann. In Theorie und Praxis der Sozialpädagogik (TPS), 1/2005, S. 26 – 29.

Köck, Peter (2004). Praxis der Beobachtung und Beratung. Eine Handreichung für den Erziehungs- und Unterrichtsalltag. Donauwörth: Auer.

Kokigei, Marianne (2006). Wie entsteht eine Konzeption? Zu beziehen: dr.kokigei@arcor.de.

Kohlberg, Lawrence (1964). Development of Moral Character and Moral Ideology. In M. L. Hoffmann, & L. W. Hoffmann, (Ed.). Review of Child Development Research. New York.

Konecny, Edith & Leitner, Maria-Luise (2006). Psychologie (9. Auflage). Wien: Braumüller.

Kraus, Josef (2006). Was hat Schule mit Gehirnforschung zu tun? Schule zwischen neurobiologischer Vision und bodenständiger Pädagogik. In Ralf Caspary (Hrsg.), Lernen und Gehirn. Der Weg zu einer neuen Pädagogik (S. 142 – 156). Freiburg: Herder.

Krenz, Armin (1994). Kompendium zur Beobachtung und Beurteilung von Kindern und Jugendlichen. Heidelberg: Schindele.

Krenz, Armin (2002). Teamarbeit als Voraussetzung für qualitätsgeprägte Elementarpädagogik. WWD, Ausgabe 76, S. 28 – 29.

Krok, Göran & Lindewald, Maria (2005). Portfolios im Kindergarten. Das schwedische Modell. Mülheim: Verlag an der Ruhr.

Langen, Tanja von (2007). Der Kita-Sicherheits-Check. Kindergarten heute, 10/2007, S. 20 – 23.

Langmaack, Barbara & Braune-Krickau, Michael (2000). Wie die Gruppe laufen lernt. Weinheim: Beltz.

Leu, Hans Rudolf (2002). Bildungs- und Lerngeschichten. Ein Weg zur Qualifizierung des Bildungsauftrages im Elementarbereich. Diskurs 2/2002, S. 19 – 25.

Lickona, Thomas (1998). Wie man gute Kinder erzieht. München: Kindt Verlag.

Liebertz, Charmaine (2001). Warum ist ganzheitliches Lernen so wichtig? In Martin Textor (Hrsg.), Kindergartenpädagogik-Online-Handbuch. [Online im Internet] URL: http://www.Kindergartenpaedagogik.de/419.html [18.11.2007]

Liebertz, Charmaine (2007). Lachen und Lernen bilden ein Traumpaar, Unsere Kinder 3/2007, S. 10 – 14.

Lueger, Dagmar (2005). Beobachtung leicht gemacht. Weinheim: Beltz.

Maslow, Abraham H. (1954). Motivation and Personality. New York: Harper.

Mayr, Toni & Ulich, Michaela (2006). Perik „Positive Entwicklung und Resilienz im Kindergartenalltag". Freiburg: Herder.

Mehl, Christine (2005). Beobachten unter der Lupe. In EntwicklungsRaum Kindergarten. Methoden des Kindergartens 2 (S. 32 – 39). Linz: Unsere Kinder.

Michaelis, Richard (2003). Validierte Grenzsteine der Entwicklung. [Online im Internet]. URL: http://www.brandenburg.de/media/1234/val-grenz.pdf [01.07.2007].

Mönks, Franz J. (1992). Ein interaktionales Modell der Hochbegabung. In E. A. Hany & H. Nickel (Hrsg.), Begabung und Hochbegabung. Theoretische Konzepte, empirische Befunde, praktische Konsequenzen (S. 17 – 22). Bern: Huber.

Munton, T., Mooney, A., Moss, P., Petrie, P., Clark, A. & Woolner, J. (2002). Research on Ratios, Group Size and Staff Qualifications and Training in Early Years and Childcare Settings. Part A: Review of International Research Between Ratios, Staff Qualifications and Training, Group Size and the Quality of Provision in Early Years and Childcare Settings. Thomas Coram Research Unit, Institute of Education, University of London: Queen's Printer.

NAEYC (2000). Accreditation criteria and procedures of the National Academy of Early Childhood Programs (rev. ed.). Washington, DC: NAEYC. Swedish Ministry of Education and Science.

Netzwerk Kinderbetreuung und andere Maßnahmen zur Vereinbarkeit von Beruf und Familie der Europäischen Kommission (1996). Qualitätsziele in Einrichtungen für kleine Kinder. Vorschläge für ein zehnjähriges Aktionsprogramm.

Niederle, Charlotte (1995). Frühkindliche Lernformen. In Charlotte Niederle (Hrsg.). Methoden des Kindergartens 2 (S. 29 – 40). Linz: Unsere Kinder.

Niederle, Charlotte (2005a). Didaktische Prinzipien der Kindergartenarbeit. In EntwicklungsRaum Kindergarten. Methoden des Kindergartens 2 (S. 15 – 25). Linz: Unsere Kinder.

Niederle, Charlotte (2005b). Frühkindliche Lernformen. In EntwicklungsRaum Kindergarten. Methoden des Kindergartens 2 (S. 12 – 14). Linz: Unsere Kinder.

OECD (2006). Starting Strong. Early Childhood Education and care policy. Länderbericht Österreich. OECD Directorate for Education.
Oerter, Rolf & Montada, Leo (2002). Entwicklungspsychologie (5. Auflage). Weinheim: Beltz.
Paschon, Andreas & Zeilinger, Maria (2002). SBKK: Salzburger Beobachtungskonzept für Kindergärten. Salzburg: Eigenverlag.
Perleth, Christoph (1997). Zur Rolle von Begabung und Erfahrung bei der Leistungsgenese. Ein Brückenschlag zwischen Begabungs- und Expertiseforschung. München: LMU.
Pfluger-Jakob, Maria (2006). Wahrnehmungsstörungen bei Kindern – Hinweise und Beobachtungshilfen. Kindergarten heute spezial. Freiburg: Herder.
Pramling, Ingrid (1996). Understanding and Empowering the Child as a Learner. In D. Olson & N. Torrance. (Eds.), Handbook of Education and Human Development: New Models of learning, teaching and schooling. Oxford: Basil Blackwell.
Rogers, Carl R. (1979). Lernen in Freiheit. München.
Roth, Gerhard (2006). Möglichkeiten und Grenzen von Wissensvermittlung und Wissenserwerb. Erklärungsansätze aus Lernpsychologie und Hirnforschung. In Ralf Caspary (Hrsg.), Lernen und Gehirn. Der Weg zu einer neuen Pädagogik (S. 54 – 69). Freiburg: Herder.
Roth, Heinrich (1968). Pädagogische Anthropologie. Band I. Bildsamkeit und Bestimmung. Hannover: Hermann Schwedel Verlag.
Schaarschmidt, Monika (2007). So geht´s – Lernen in der Lernwerkstatt. kindergarten heute spot. Freiburg: Herder.
Schäfer, Matthias (2005). Groß und klein unter einem Dach. Eine Antwort auf veränderte Lebensbedingungen. In ZeitRaum Kindergarten. Methoden des Kindergartens 1 (S. 63 – 64). Linz: Unsere Kinder.
Schirp, Heinz (2006). Neurowissenschaften und Lernen. Was können neurobiologische Forschungsergebnisse zur Weiterentwicklung von Lehr- und Lernprozessen beitragen? In Ralf Caspary (Hrsg.), Lernen und Gehirn. Der Weg zu einer neuen Pädagogik (S. 99 – 127). Freiburg: Herder.
Schneider, Claudia (2005). Qualitätsstandards für geschlechtssensible Pädagogik. Stadt Wien, MA 57.
Schröder, Hartwig (2001). Didaktisches Wörterbuch. München: Oldenbourg.
Schulz von Thun, Friedemann (1989). Miteinander reden 2. Stile, Werte und Persönlichkeitsentwicklung (25. Auflage). Reinbek: Rowohlt.
Schulz von Thun, Friedemann (2007). Miteinander reden 1. Störungen und Klärungen. Reinbek: Rowohlt.
Schwendenwein, Werner (2000). Theorie des Unterrichtens und Prüfens (7. Auflage). Wien: WUV.
Seiwert, Lothar J. (2001). Life-Leadership. Sinnvolles Selbstmanagement für ein Leben in Balance. Frankfurt: campus.
Senatsverwaltung für Bildung, Jugend und Sport (2004). Das Berliner Bildungsprogramm. Berlin: das netz.
Skinner, Burrhus Frederic (1982). Was ist Behaviorismus? Reinbek: Rowohlt.
Soukup, Elisabeth (1995). Überlegungen zur Planung und Reflexion der Kindergartenarbeit. In Charlotte Niederle (Hrsg.). Methoden des Kindergartens 2 (S. 89 – 95). Linz: Unsere Kinder.
Soukup, Elisabeth (2005). Sozialformen. In ZeitRaum Kindergarten. Methoden des Kindergartens 1 (S. 88 – 92). Linz: Unsere Kinder.
Spitzer, Manfred (2002). Lernen. Gehirnforschung und die Schule des Lebens. Heidelberg: Spektrum.
Spitzer, Manfred (2006). Hand und Gehirn. Werken von Kindern aus neurowissenschaftlicher Sicht. In LebensRaum Kindergarten. Methoden des Kindergartens 3 (S. 226 – 228). Linz: Unsere Kinder.
Stamer-Brandt, Petra (2005). Projektarbeit in Kita und Kindergarten entwickeln, durchführen, dokumentieren. Freiburg: Herder.
Strätz, Rainer & Demandewitz, Helga (2005). Beobachten und Dokumentieren in Tageseinrichtungen für Kinder. Weinheim: Beltz.
Strehmel, Petra (2008). Wovon hängt „gute Bildung" tatsächlich ab? kindergarten heute, 1/2008, S. 8-13.

Stuber, Michael (2005). Diversity. Das Potenzial von Vielfalt nutzen – den Erfolg durch Offenheit steigern. München: Luchterhand.

Textor, Martin R. (2002). Gehirnentwicklung und Lernen im Kleinkindalter – Konsequenzen für die Erziehung im Kindergarten. [Online im Internet]. URL: http://www. kindergartenpaedagogik. de/psych.html [22. 03. 2008].

Textor, Martin R. (2005). Projektarbeit im Kindergarten. Planung, Durchführung, Nachbereitung. Books on Demand GmbH.

Textor, Martin R. (2006). Erziehungs- und Bildungspartnerschaft mit Eltern. Gemeinsame Verantwortung übernehmen. Freiburg: Herder

Textor, Martin R. (2007). Zur Förderung großer und kleiner Talente. Unsere Kinder, 5/07, S. 26-31.

Thompson, L.A. et al (1991). Associations between cognitive abilities and scholastic achievement: Genetic overlap but environmental differences. Psychological sciences 2, 158-165.

Tietze, Kim-Oliver (2003). Kollegiale Beratung – Problemlösung gemeinsam entwickeln. Reinbek: Rowohlt.

Tietze, Wolfgang (2001). Zum Einfluss pädagogischer Qualität bei familialer und institutioneller Betreuung auf die kindliche Entwicklung. In: Pediatrics and Related Topics. Oxford.

Tietze, Wolfgang, Bolz, Melanie, Grenner, Katja, Schlecht, Daena & Wellner, Beate (2007). Krippen-Skala. Revidierte Fassung (KRIPS-R). Berlin: Cornelsen.

Tietze, Wolfgang (Hrsg.), Dittrich, Irene, Grenner, Katja, Groot-Wilken, Bernd, Sommerfeld, Verena & Viernickel, Susanne (2004). Pädagogische Qualität entwickeln. Weinheim: Beltz.

Tietze, Wolfgang, Meischner, T., Gänsfuss, R., Grenner, Katja, Schuster, Käthe-Maria, Völkel, P. & Roßbach, Hans-Günther (1998). Wie gut sind unsere Kindergärten? Eine empirische Untersuchung zur pädagogischen Qualität in deutschen Kindergärten. Neuwied: Luchterhand.

Tietze, Wolfgang, Roßbach, Hans-Günther & Grenner, Katja (2005). Kinder von 4 bis 8 Jahren. Zur Qualität der Erziehung und Bildung in Kindergarten, Grundschule und Familie. Weinheim: Beltz.

Tietze, Wolfgang, Schuster, Käthe-Maria, Grenner, Katja & Roßbach, Hans-Günther (2007). Kindergarten-Skala. Revidierte Fassung (KES-R). Berlin: Cornelsen.

Tietze, Wolfgang & Viernickel, Susanne (Hrsg.). (2002). Pädagogische Qualität in Tageseinrichtungen für Kinder - Ein nationaler Kriterienkatalog. Berlin: Beltz.

Ulich, Michaela & Mayr, Toni (2003). SISMIK – Sprachverhalten und Interesse an Sprache bei Migrantenkindern in Kindertageseinrichtungen. Ein Beobachtungsbogen. Freiburg: Herder.

Ulich, Michaela & Mayr, Toni (2006). SELDAK – Sprachentwicklung und Literacy bei deutschsprachig aufwachsenden Kindern. Freiburg: Herder.

Viernickel, Susanne (2006). Qualitätskriterien und -standards im Bereich der frühkindlichen Bildung und Betreuung. Studienbuch zum Bildungs- und Sozialmanagement. Remagen: ibus-Verlag.

Wagner, Hans-Jochen (1999). Gemeinsam packen wir´s. Kindergarten heute, 9/99, S. 16-21.

Wagner, Petra (2005). Alle Kinder sind gleich. Jedes Kind ist besonders. [Online im Internet]. URL: http://www. kinderwelten.net/pdf/10a_kurzdarstellung_des_projekts.pdf [03. 02. 2007].

Weber, Kurt & Herrmann, Mathias (2002). Praktikantinnen-Anleitung. Kindergarten heute/Basiswissen Kita. Freiburg: Herder.

Weber, Kurt & Herrmann, Mathias (2005). Konzepte entwickeln – Bildung planen. Kindergarten heute/Basiswissen Kita. Freiburg: Herder.

Weiss, Gabriele (2007). Verschiedene Adressaten – verschiedene Entwicklungsberichte. Kindergarten heute 11/2007, S. 20 – 25.

Zeiher, Helga (1995). Die Verinselung des Lebensraumes. In Charlotte Niederle (Hrsg.). Methoden des Kindergartens 3 (S. 49 – 55). Linz: Unsere Kinder.

Zimbardo, Philip G. (1992). Psychologie. Berlin: Springer.

Sara Schmid

Autorinnen

Mag[a]. Gabriele Bäck
Kindergarten- und Hortpädagogin, Studium Pädagogik & Sonder- und Heilpädagogik, Geschäftsführerin des Charlotte Bühler Instituts, Kollegkoordinatorin an der BAKIP Wien 10, Leiterin der Elementaren Bildung am Institut für Fort- und Weiterbildung der KPH, Trainerin und Autorin im Bereich Elementarpädagogik.

Mag[a]. Michaela Hajszan
Klinische Psychologin und Gesundheitspsychologin in freier Praxis, wissenschaftliche Mitarbeiterin am Charlotte Bühler Institut für praxisorientierte Kleinkindforschung in Wien, freie Trainerin und Autorin. Arbeitsschwerpunkte u.a.: Elementarbildung, pädagogische Qualität, sprachliche Bildung, Begabungsforschung, Transitionen.

Mag[a]. Natalie Bayer-Chisté
Kindergarten- und Hortpädagogin, Klinische Psychologin und Gesundheitspsychologin, Notfallspsychologin, Mal- und Gestaltungstherapeutin in freier Praxis, Bereichsleitung der Mobilen Dienste, Entwicklungsberatung und Begleitung der St. Nikolaus-Kindertagesheimstiftung, Publikationstätigkeit, Autorin und freie Trainerin.